Der Ratskeller zu Bremen

Seine Geschichte von den Anfängen
bis ins 19. Jahrhundert

Entholt, Hermann

Der Ratskeller zu Bremen

Seine Geschichte von den Anfängen bis ins 19. Jahrhundert

Nachdruck des Originals von 1929 (Verlag G. Winters, Bremen)

ISBN: 97839867412308
© Europäischer Hochschulverlag und Lizenzgeber
www.europäischer-hochschulverlag.de
Alle Rechte vorbehalten

Die Deutsche Bibliothek verzeichnet diesen Titel in der Deutschen Nationalbibliografie. Bibliografische Daten sind unter http://dnb.ddb.de abrufbar.

Der Ratskeller zu Bremen

Von

Dr. Hermann Entholt

1929

Verlag G. Winters Buchhandlung / Bremen
Fr. Quelle Nachfolger

Dunkler, heiliger Wein!
Sieh, ich dürfte dich trinken.
Doch in dein mystisches Blinken
schau ich mit Andacht hinein.

O, wie schauert's mich an,
all dieses Quellen und Weben,
das zum glühendsten Leben
wecken und steigern mich kann.

Das bist du, o Natur,
deiner gewaltigen Kräfte,
deiner verborgensten Säfte
überfließende Spur.

Wein, ich trinke dich! Bald
wirbeln nun Stürme und Fluten,
Blitze und mildere Gluten
mir durch die Brust mit Gewalt.

Fr. Hebbel.

Wie die ehrwürdigen Kirchen, glänzenden Profanbauten, so lebt auch der Bremer Ratskeller fort und fort als ein Zeuge längst entschwundener Tage in blühendem Gedeihen, dem die Jahrhunderte nichts anzuhaben vermochten, und erzählt, schon von Sagen umwoben, dem prosaischer gewordenen Geschlecht von heute seltsame Geschichten von Zeiten, wo im hohen Mittelalter mannhafte Bürger mit Schwert und Schild ihre Stadt vor den feindlichen Gewalten ringsum zu schützen verstanden und über See und Sand die Güter herbeiführten, die die unentbehrliche Grundlage bildeten für jede Entfaltung äußerer Macht und innerer Kultur. Ein geheimnisvolles Reich unter der Erde war hier errichtet, in dem sich ein Leben von besonderer Art entfaltete, und der König in diesem Reich war der Wein, das edelste aller Getränke, an Deutschlands schönstem Strome gewachsen. Einstens, da er zuerst dort gedieh, hatten die vier Elemente gewetteifert, ihm ihre Gaben darzubringen. „Das Feuer legte ihm seine Hand auf die Augen und versprach in ihm zu wohnen ewiglich. Und die Luft legte ihm die Hand auf das Haupt und sprach: Deine Farbe sei wie der goldene Saum des Morgens auf den Hügeln, wie das goldene Haar schöner Frauen. Und das Wasser in silbernen Kleidern bückte sich auf das Kind und sprach: Ich will deinen Wurzeln nahe sein, daß dein Geschlecht ewig grüne und blühe. Aber die Erde küßte es auf den Mund und sagte zu ihm: Die Wohlgerüche meiner Kräuter und die herrlichsten Düfte meiner Blumen habe ich für dich gesammelt zum Angebinde."

Wen er durchglühte, dem verblaßten die Sorgen, beflügelte sich die Phantasie, und das hohe Lied vom Preise des Rebenblutes, niemals ausgesungen, hier erklang es in den Herzen der Menschen von Geschlecht zu Geschlecht. Die Jahrhunderte zogen herauf und versanken, das Suchen nach dem wahren Glauben entflammte die Herzen, Kaiserliche und Schweden klopften an die Tore, die Bürger haderten wider den Rat, und die Franzosen wähnten die Stadt mitsamt dem Keller für immerdar verschlungen zu haben: aber in seinen Tiefen war von dem Getöse der Oberwelt nur ein schwaches Rauschen vernehmbar. Mochten sie Starke oder Schwache sein, Lebensbejaher oder Kopfhänger, Kämpfer oder Friedensucher, Kluge oder Toren — ihnen allen glättete sich die Stirn, besänftigte sich der Mut, wenn sie die Treppe zu dieser heiteren Unterwelt hinabstiegen. So gleicht der Keller einem altersgrauen Zauberer von wunderbaren Lebenskräften; sie am Werke zu sehen, seinen Erzählungen, die aus 600 Jahren ihren Stoff nehmen, zu lauschen, mag sich wohl einmal lohnen.*)

---

*) 1863 schrieb J. G. Kohl ein treffliches Buch über den Ratsweinkeller zu Bremen und 1889 Wilh. von Bippen eine nicht minder gute Arbeit über denselben Stoff. Beide Werke sind längst vergriffen. Darum wird nun der Versuch gemacht, nach nochmaliger Durchforschung des gesamten Materials eine neue Darstellung der Geschichte des Ratskellers zu geben, die in vielfach anderer Auffassung zugleich den veränderten literarisch-künstlerischen Anforderungen unserer Zeit gerecht werden möchte.

Der Weinbau.

> Am Rhein, am Rhein, da wachsen unsre Reben.
> Gesegnet sei der Rhein!
> Da wachsen sie am Ufer hin und geben
> Uns diesen Labewein.
>
> M. Claudius.

Seit den Tagen, da im dritten nachchristlichen Jahrhundert der römische Dichter Ausonius die Weinberge an der Mosel besungen hatte, war schon ein kleines Jahrtausend vergangen. Aber nur wenig war die Kultur der Reben währenddessen fortgeschritten. In den Stürmen der Zeit ging der Weinbau wieder zugrunde, und erst der große Karl erweckte ihn im Rheingau zu neuem Leben. Um das Jahr 1000 mehrte sich die Zahl der rheinischen Kaufleute, die, meistens von Köln her, auch in Norddeutschland erschienen, um Wein zu verkaufen. Die hohe Geistlichkeit, oft aus südlicheren Landesteilen herkommend, gebrauchte ihn für den Gottesdienst, aber auch in unserer Gegend wurde damals, wie man weiß, die Anpflanzung von Wein mit Erfolg betrieben. Der Erzbischof Adalbert ließ sich dies angelegen sein, und am Paulskloster, das dafür auch in einem der „Priölken" abgebildet ist, erhob sich vor dem Ostertore ein schöner Weinberg.

Des Ratskellers Privilegien.

Den besten Wein im deutschen Land,
den hat der Rat zu Bremen,
und daß mir der noch unbekannt,
erfüllt mein Herz mit Grämen.

Rud. Baumbach.

Unsere Vorfahren, wenn sie auch dem „finsteren" Mittelalter entstammten, waren praktische Leute, die das Nützliche mit dem Angenehmen zu verbinden wußten. Ob geistlich oder weltlich, sie fanden es zweckmäßig, den Wein, den schon damals, wer ihn einmal kennengelernt, nicht gern mehr missen wollte, in eigene Bewirtschaftung zu nehmen, auf daß der Ertrag aus diesem Handel der Allgemeinheit zugute komme.

Den Wein auszuschenken war von alters her ein Recht des Grundherrn, der dafür die Pflicht der Verteidigung der Mauern und Wälle übernahm; auch der Erzbischof von Bremen ließ es durch seinen Vogt wahrnehmen, und als der Stadtrat allmählich erstarkte, beanspruchte auch er das Recht des alleinigen Weinschankes als ein ihm zustehendes Monopol.

So bestimmten die städtischen Ratskollegien beizeiten auch ein Haus zu diesem Zwecke. Wahrscheinlich war bereits das älteste Rathaus in Bremen, am Liebfrauenkirchhof, dafür unterkellert, wenn sich der erste Weinausschank nicht in der domus vinaria, an der Ecke des Marktes und der Obernstraße befand, wo später der Kellerhauptmann wohnte und das Weinhaus mit der Ratsapotheke und dem städtischen Gefängnis, dem sogenannten Hurrelberg, eine anmutig seltsame Nachbarschaft hielt. Doch als in den Jahren 1405—1407 das neue Rathaus entstand, ist sicher auch gleich anfangs der Keller dabei gewesen, und wir dürfen glauben, daß schon 1408 der Sieg über die Friesen in ihm mit manchem guten Trunk gefeiert ist.

Soweit nicht Bier geschenkt wurde, kam nur Rheinwein dafür in Betracht, unter welchem Namen aller weißer Wein von Rhein und Mosel damals zusammengefaßt wurde. Fast nur dieser gelangte zu jener Zeit hier in den Handel, weshalb auch allein auf ihn der Rat sein Privilegium erstreckte. Und zwar gerade den Kleinverkauf sollten die Bürger ihm überlassen; den Handel im Großen, allerdings nur unter gewissen Bedingungen, zu unterbinden hat er nie versucht.

Schon vor 1330 befiehlt die älteste uns bekannte Verordnung, daß kein Bürger rheinischen Wein solle „laufen" lassen ohne des Rates Genehmigung, bei einer Strafe von 5 Mark — was damals eine erkleckliche Summe war — und dem Verlust des Weines. Nur „Gäste", also rheinische Kaufleute, dürfen dies tun, müssen jedoch schwören, daß kein Bürger Anteil an ihrem Handel habe. 1370 wurde diese Bestimmung wiederholt, doch sollte der Gast ihn dem Weinmeister des Rates zuvor zum Kaufe anbieten. Auch in der Folgezeit blieben diese Vorschriften bestehen; so in den Statuten von 1433, wobei jetzt für die „Gäste" noch die Verpflichtung der Akziseabgabe hinzutritt, und die Polizeigesetze der „kündigen Rolle" von 1450 und 1489 verfügen mit Nachdruck, daß „niemand dem Weinmanne entgehen soll mit dem Weingelde."

Auch in den späteren Jahrhunderten hielt der Rat das Privilegium des Kellers fest, allen Schwierigkeiten, die sich aus den veränderten wirtschaftlichen Anschauungen ergaben, und allem Anstürmen der Weinhändler, ja der gesamten Kaufmannschaft mit ihren Elterleuten zum Trotz. Natürlich brachte das empfindliche Unzuträglichkeiten mit sich. Die Weinhändler mußten ihre Ware im Ratskeller selbst einlagern, und auch dies erst, wenn ihre Fässer an der Schlachte auf dem Schiff oder Wagen den

Vermerk des Weinvisiers erhalten hatten, daß die Akzise richtig bezahlt war. Dann blieb der Wein unter behördlicher Aufsicht, die darauf achtete, daß er nur in denselben Gebinden wieder ausgeführt wurde, wie er hereinkam, ja, sogar nur in Oxhoften oder noch größeren Fässern. Sobald die Fustage gebrochen ist, heißt es auf einem Verpflichtungsschein der Weinhändler aus dem Anfang des 18. Jahrhunderts, ist die Zahlung an die Konsumtionskammer und den Weinkeller zu leisten. „So muß der Brauer, ehe er braut, der Bürger, ehe er [im Herbst] den Ochsen schlachtet, und wenn die Schweine gewogen und ehe das Holz und der Torf verbrannt werden, das Heu consumirt wird und wer französischen Wein bei Oxhoften kauft, ehe er ihn anbricht, die Konsumtion bezahlen. Man muß einmal den Anfang machen, den Rheinwein in Richtigkeit zu bringen, da bisher bei 1000 Ohm ausgeflogen." Zeitweilig war die Ausfuhr auch wohl in Ohmen gestattet gewesen und sogar in halben oder Viertelohmen, aber diese Erleichterungen wurden stets bald wieder zurückgenommen, denn gar zu groß war die Versuchung, sie zu verbotenem heimlichen Schleichhandel oder gar zu Verfälschungen zu benutzen. Die Klagen über Weinpanscherei sind so alt wie der Weinhandel selbst, und 1628 richtete der Herzog Georg von Braunschweig-Lüneburg dieserhalb an den Rat ein Schreiben mit ernster Mahnung. Daher gestattete derselbe noch um 1720 nur ungern die Anlegung eines Privatlagers. 1682 mußte Berend Barkey zur Umfüllung der Stücke in Ohm für seinen Handel nach England eine besondere Genehmigung nachsuchen, und 1792 schlug der Senat dem Weinhändler Henrich Duntze ein Gesuch um Genehmigung zur Umfüllung eines Quantums Wein auf Flaschen rundweg ab, obgleich derselbe es sehr verständig mit den Erfordernissen einer Ausfuhr nach Amerika begründete. Erst nach 1815 ist das Weinhandelsprivilegium des Rates mit all seinen Erschwerungen und Sonderbarkeiten stillschweigend erloschen. Ein Jahrzehnt vorher waren auch die Festungswerke gefallen, deren Erhaltung das Monopol des Kellers ja hauptsächlich gedient hatte. In die moderne Zeit paßte es freilich nicht mehr hinein, aber wie hätte der Keller in früheren Jahrhunderten wohl den mannigfaltigen Ansprüchen gerecht werden sollen, die an ihn gestellt wurden?

Die Verwaltung des Kellers.
Die Weinherren und der Kellerhauptmann.

>Man soll den Abend nicht vor dem Morgen loben.
>A. Fitger.

Schon im 14. Jahrhundert, über das die Nachrichten leider nur spärlich fließen, war der Keller zeitweilig verpachtet. Wir wissen dies durch ein gerichtliches Urteil aus der Zeit kurz vor 1400, wo Hermann Hemeling, der Kellerpächter, ihn an Herbord Duckel den Älteren, aber gleichzeitig auch an Johann van Leze weiter verpachtet hatte, sie alle übrigens Angehörige angesehener städtischer Familien, die offenbar miteinander wetteiferten, das einträgliche Pachtobjekt in die Hand zu bekommen. 1435 war er an Heinrich Basmer verpfändet, der ihn solange behalten sollte, bis der Rat ihm die hohe Sühne für seinen hingerichteten Vater, den Bürgermeister, bezahlt hatte. Auch späterhin finden wir häufig, daß jener bei städtischen Anleihen die Gläubiger auf die Einkünfte seines Kellers verwies, die ihnen als sicheres Pfand dienen sollten. Und wieder nach 100 Jahren hören wir abermals von einer Verpachtung, gleichfalls an einen Hemeling, Martin, der ihn von 1547 bis an seinen Tod 1561 in Händen hatte und sich rühmte, daß er ihn während der Belagerung durch die Kaiserlichen stets mit Wein wohl versehen gehalten habe, so daß er auch noch die Umwohner hätte gut versorgen können. Um so beschwerlicher fiel es ihm, daß der Rat einen fremden Mann in der Stadt Wein auszapfen ließ, und zwar zu einem viel höheren Preise, als ihm selbst dafür vorgeschrieben war. Es ist das letzte Mal, daß von einem solchen Kleinverkauf durch einen anderen die Rede ist.

Fortan nahm der Rat die Verwaltung in eigene Hand. Das wurde die Aufgabe seiner beiden Weinherren, ein sehr begehrtes, aber auch nicht dornenloses Amt, das stets von einem Bürgermeister und einem Ratmann bekleidet wurde. Fast wichtiger noch als sie war der Kellerhauptmann oder Hoppmann, wie er gewöhnlich genannt wurde, wenn man ihn nicht einfach als „Diener" bezeichnete. Er hatte nicht nur die Aufsicht im Keller und die Buchführung, sondern meistens auch den Weineinkauf zu besorgen. Er bekam bei manchen Nebeneinnahmen an 200 Taler Gehalt und oft noch dazu ein Reisekleid für 30 Taler, jedesmal, wenn er genötigt war, nach Frankfurt, in den Rheingau oder nach Speyer, Worms und Köln zu reiten. Das war dazumal nicht gefahrlos, und mancher Schnapphahn oder fürstliche Reiter war nach seiner gefüllten Geldkatze lüstern. Leib und Leben müsse er, wie er oft klagend bemerkte, dabei riskieren. Nach langer Abwesenheit glücklich heimgekehrt, fand er wohl seine Kasse in arger Unordnung, und nicht immer kam er soweit damit zurecht, daß ihm später der Fehlbetrag nicht arges Mißgeschick bereitet hätte. Dann legte man ihn in Hausarrest, den Soldaten bewachten, wie es um 1680 Henrich Köhne geschah, der doch selbst eines Ratmannes Sohn war, und bald darauf Johann Ludwig de Neufville. Andere erregten durch ihre Verschwendung Ärgernis. Dem Isaac Caspari aus Emden warf man vor, daß er sich köstliche Schlitten halte, ein Pferd zum Ausreiten mit prächtigen Schabracken, die jede wohl über 100 Taler kosteten. Die feinsten damastenen Servietten und wollene Perücken „nächst den besten" habe er sich von auswärts kommen lassen. Schon als „Knecht" habe er sich so üppig gehalten, sei auf die Tanz- und Fechtschulen gegangen und habe sich teure Maskeradenkleider verschafft, mit denen er „gestutzieret, zu geschweigen, daß er auch in Wirtshäuser gegangen". Darüber sei er so hochmütig geworden, daß er kaum „regratuliere" und den Hut abnehme, wenn er gegrüßt werde und achte sogar auf der Börse manche Leute sehr gering. Da sei es kein Wunder, wenn er bei seinem Gehalt nicht reich werde, wie doch alle seine Vorgänger geworden. (1712.)

An Bewerbern um die Stelle fehlte es gleichwohl nicht. 1689 meldete sich Johann Wolfgang Schönemann aus Kassel. Er hatte in Amsterdam holländisch und französisch gelernt, in Frankfurt das Faßbinden betrieben und in Eltville bei einem der berühmtesten Faßbinder gearbeitet. In Deutschland und Stockholm war er bei verschiedenen Weinhändlern gewesen und hatte sich endlich in Kassel selbständig gemacht, wo er Weine für den hessischen Hof geliefert, bis er durch die französische Invasion in der Pfalz, seinem Vaterlande, sein Vermögen verlor. Er wurde angenommen, starb aber nach wenigen Jahren.

Ein anderer, Johann Erhard, war Weinschenk beim Herzog Anton Ulrich von Braunschweig gewesen, dann Kellermeister beim Rat zu Hildesheim. Nachdem er endlich 1680 das väterliche Geschäft zu Straßburg übernommen, wandte er sich bei dessen Eroberung nach Worms, wo er „durch der Franzosen mehr als türkische Tyrannei" vollends ruiniert wurde. 1722 kam das Amt des Kellerhauptmanns an Joh. Phil. Wilhelmi, in dessen Familie es sich fortan weitervererbte, bis der letzte Wilhelmi 1833 starb.

Die wichtigste Aufgabe des Hoppmanns war natürlich der Weineinkauf. Sorgsam läßt sich der Rat über die Jahrgänge und den Stand der Reben Bericht erstatten. Den Keller mit guten Weinen zu versorgen, war ihm stets eine Ehrensache. Bei der Lückenhaftigkeit der Überlieferung hören wir leider nur gelegentlich davon. 1534 schreibt Laurentius Zeide van Wetter und erbietet sich, den ganzen Keller zu beliefern, wobei er sich seinerseits nach dem Preise von Butter, Käse und Rundfisch erkundigt. Es sei Zeit zur Bestellung, denn die Frankfurter Messe stehe vor der Tür. Kam gute Zeitung, dann mußte wohl der "Weinmann" Peter Flach alsbald sein Pferd satteln; vielleicht nahm er noch einen Diener mit, sicher aber gute Waffen, die noch nützlicher waren als die Reisepässe des Rates, und ritt gen Frankfurt oder in den Rheingau. Der Rückweg ist verschieden, je nach den Zeitläuften. Manchmal geht es rheinabwärts bis Amsterdam, dann zu Wasser oder zu Lande durch Westfalen nach Bremen. Auch unterwegs gebietet es vielleicht die kriegerische Zeit, die Fässer noch eine Zeitlang einzulagern, etwa in Deventer, bis der Weg wieder frei ist. Am häufigsten aber wählt man von Frankfurt den Weg auf der großen Weinstraße nach Kassel und darauf die Weser abwärts zum heimischen Port an der Schlachte. Zu anderen Zeiten ging der ganze Transport auf der Achse vonstatten. So kam 1680 ein Zug von 7 Wagen in Bremen an, die 11 Stückfässer und 4 "Zulasten" vom Rheingau heraufführten. Die Fracht kostete per Ohm vom Rheingau 8 Th., von Frankfurt 7 Th. Die Fuhrleute waren oft aus Langwedel; auf der Ausreise hatten sie norddeutsche Ware, Butter, Fische usw., um nicht leer gehen zu müssen, in die Weinerzeugungsgebiete gebracht. Auf der Weser waren 20 Zollstellen zu passieren, und nicht bei allen taten die Geleitsbriefe des Rates, in denen er versicherte, daß es sich nicht um Privatgut, sondern um Weine der Stadt handele, die den Fürsten, Gesandten und anderen vornehmen Personen präsentiert zu werden pflegten, die gewünschten Dienste. Nur zu oft wurden die Wagen und Schiffe angehalten. In den festen Häusern zu Lingen und Fürstenau, zu Vechta oder Freudenberg saßen überall Drosten und reisige Vögte, die begehrliche Blicke auf die erfreuliche Fracht warfen. Die Zöllner beriefen sich auf die strikten Befehle ihrer Herren und erklärten, von einer Zollfreiheit des bremischen Rates nie etwas gehört zu haben. Auch die Generalstaaten, sonst so gute

Freunde unserer Stadt, bedauerten um 1600 höflich, der Konsequenzen halber keine freie Durchfuhr gestatten zu können, obwohl die Bremer doch daran erinnern konnten, daß sie selbst so manchmal sie in ihren Kriegen mit Geld und Munition unterstützt hätten. 1626 bat der Rat auch den König von Dänemark um seine Fürsprache, da der Wein ja auch ihm selbst und den Herren Offizieren seiner Armee zugute kommen solle. Es war alles vergebens. Erst allmählich bequemten sie sich, wenigstens 12 Fuder frei durchzulassen.

Selbst in Brinkum erdreistete sich noch der braunschweigische Vogt, eine Tonne Minder Bier einfach wegzunehmen. Die Fässer mit dem teuren Wein aber ließ er unter freiem Himmel stehen und verderben, bis die Regierung zu Celle einschritt. Im 17. Jahrhundert machte für alle seewärts einkommenden Transporte die oldenburgische Regierung Schwierigkeiten an ihrer neuen Zollstätte bei Elsfleth, und erst die dänische Verwaltung zog hier nach Graf Anton Günthers Tode gelindere Saiten auf. Auch in Paderborn mußte die Gunst des Bischofs gesucht werden. Da hatten die bremischen Kellermeister Albert Reddelfen, Paul von Oppenheim, Wilken Meyer und wie sie sonst hießen, trotz aller „Vorschreiben" einen schweren Stand und mußten oft zu dem Schaden noch Spott und Gewalttat einstecken. Am meisten nützte es dem Rat, wenn er benachbarten Landesregierungen zu Gemüte führen konnte, daß er in Bremen bisher sämtliche Einkäufe zu dero hochfürstlicher Hofhaltung ungehindert zoll- und akzisefrei habe passieren lassen und nunmehr zu anderen Mitteln greifen werde.

Besonders betrübend verlief ein Handel mit den Räten des Bischofs Anton von Minden. Im Jahre 1597 kam es dem Senat in den Sinn, einen alten Geschäftsfreund, den wohlangesehenen Bürger und Weinhändler zu Mainz, Christoph Hoherath, einmal in ungewöhnlicher Weise durch ein ebenso ungewöhnliches Geschenk zu ehren. Zu diesem Behuf beauftragte er den Bremer Bürger Lüder Hoyer, zwei junge Kühe und ein Rind, alle „fast rot" und mit weißen Köpfen, von Bremen nach Mainz zu geleiten. Sie grasten sich auch glücklich bis zur Porta durch. Hier aber, bei Hausbergen, wurden sie ein Opfer der Zöllner des Mindener Kirchenfürsten, die sie mit Arrest belegten und nicht wieder herausgaben. Vergebens ließ der Senat drei Monate lang seine Briefe ergehen. Die Mindener Räte erwiderten, daß Lüder Hoyer das Zollbrett gar wohl gesehen habe, aber die Rinder dolose habe daran vorbeitreiben wollen. So hatte der Bremer Rat das Nachsehen und der Mainzer Weinhändler dazu. Das Vieh müsse konfisziert bleiben, damit solchem Unterschleif nicht ferner „Tür und Fenster" eröffnet werde.

Sehr schlecht erging es auch einem Weintransport im Jahre 1636, mitten in dem Lärm des Dreißigjährigen Krieges. Nachdem der Hauptmann Wilken Meyer 30 Fuder Wein eine Weile in Münden eingelagert hatte, wollte ihn der dortige Zöllner nicht ohne Gebührenzahlung wieder freigeben. Auch Herzog Georg von Braunschweig-Lüneburg, bei dem der Rat vergebens vorstellig geworden war, trat auf die Seite seines Beamten. So mußte wohl oder übel gezahlt werden. Dann aber wiederholte der braunschweigische Kommandant der Festung Hameln, Oberst Bessell, das Spiel in anderer Form zum zweiten Male, indem er 12 Ohm von dem Weine einfach in den dortigen Ratskeller bringen ließ. Auf die bremische Beschwerde wies der Herzog ihn nach erfolgter Verzollung allerdings zur Rückgabe an. Bessell konnte das nicht verweigern, stellte sich aber so, als habe er nicht gewußt, daß der Wein dem Rate gehöre. Der Strom und die Kommerzien seien damals geschlossen gewesen, deshalb habe er ihn anhalten müssen. Nachdem er freigelassen, habe er nur zwei oder drei Fuder für die fürstliche Hofhaltung anzukaufen befohlen. Die Leute hätten die Stücke dann gütlich hergegeben, den Preis aber nicht genannt, sonst wäre er schon bezahlt worden. Doch sei er dann für den Fürsten zu schlecht befunden und deshalb in Hameln geblieben. Was aber das vierte Stück betreffe, das er für sich selbst herausgenommen haben sollte, so sei es ihm von den Leuten „präsentiert" worden. „Im Fall aber bei der Herren Leuten der Gebrauch ist, daß sie, was sie verehren, bezahlen lassen, will ich auf beschehene Avisation die Gelder für die Weine übermachen und solche teure praesenten nebenst der Mühe künftig einem anderen überlassen."

Die Finanzen des Kellers.

> Die Geister der Jugend im Weine lachen,
> Gib acht, daß sie dich nicht kindisch machen.
> A. Fitger.

In der Person des Hoppmanns vereinigten sich auch polizeiliche und steuerliche Befugnisse. Er hatte streng auf das Privileg des Kellers zu achten und forderte auch seinen Anteil an den Abgaben ein. Wie der Keller von der Akzise, die schon 1420 erwähnt wird, und der Konsumtion seine Prozente verlangte, so kam ihm auch das Bodengeld zu, das von jeder Tonne auch nur durchgeführten Weines oder Bieres, die von See einkam, entrichtet werden mußte, 4 Gr. von jedem großen oder kleinen Faß. Der Handel im kleinen, etwa in spanischem Wein oder Branntwein, setzte die Erwerbung eines Weinkranzes voraus, in ersterem Falle eines doppelten für 50 Th., im letzteren eines halben für 25 Th. Es war eine Gewerbesteuer, die ebenfalls dem Keller zufloß. Um 1630 verfügte der Rat wohl, daß, wer mit französischem Wein im großen handeln wolle, dies im kleinen unterlassen solle. So wurde durch gedruckte Proklame, die er mindestens seit 1635 erließ, die Bewegungsfreiheit der Kaufleute immer mehr eingeengt. Der Inhaber eines Weinkranzes hatte sich jedes Jahr in den zwölf heiligen Tagen nach Weihnachten beim Hauptmann des Kellers zu melden. Andere Einkünfte brachte die Miete für den eingelagerten Privatwein, seit dem Ende des 17. Jahrhunderts für die Börsenräume sowie für die Buden der Marktbezieher.

Den Hauptposten der Einnahmen bildete natürlich der Weinverkauf und daneben einiger Gewinn aus dem Biergeschäft. Der

Handel in der Stadt und nach auswärts wurde erst im 18. Jahrhundert mit der allmählichen Verfeinerung der Lebenshaltung bedeutender. Das Meiste kam somit aus dem Kleinverkauf im Keller selbst ein. Auch dieser ergab um 1670 aber noch nicht viel über 4000 Th. im ganzen. Um so mehr ließ der Rat jedem verbotenen Schleichhandel nachspüren. Die Blothoer Schiffer sollten heimlicherweise Branntwein in die Stadt einschwärzen. Da wurde ihnen ein Soldat auf das Schiff gesetzt, sobald sie bremisches Gebiet erreichten. Die Witwe Busch sollte aus Hastedt auf ihrem Bauernwagen eine Ohm Wein nach Bremen gebracht haben. Flugs wurde der Camerarius mit einer Vernehmung beauftragt, und als es dem Senat bekannt wurde, daß der lutherische Pastor Vogt bei einer Trauung Wein getrunken hatte, der nicht aus dem Ratskeller stammte, begann aufs neue eine eifrige Nachforschung.

Die Einnahmen waren nötig, um die Ausgaben zu decken, und als man einmal beabsichtigte, einen Teil der ersteren dem Keller zu entziehen, konnte er mit Recht darauf hinweisen, daß er dann sein Bestehen nicht mehr haben würde. Wenn von den Ausgaben natürlich auch der Betrieb der Wirtschaft, die Instandhaltung der Räume, das Gehalt des Hoppmanns, des Dieners und des „Jungen" bestritten werden mußte, so hatte er daneben noch für viele andere Bedürfnisse aufzukommen, die eigentlich wenig mit seinem Wesen zu tun hatten. Von alten Zeiten her war ihm, wie bemerkt, die Aufgabe zugewiesen, eine Abgabe an die Stadtmauer zu leisten, so daß Mars und Bacchus in ein eigentümliches Verhältnis zueinander traten, die Wehrkraft indirekt durch den Rebensaft gestärkt wurde. Aber auch die erste Börse ist in den Jahren 1686 und später durch den Keller erbaut worden.

Ein schlimmes Kreuz war es mit den „Restanten", denn was nützte ein schwungreicher Handel, wenn nicht gezahlt wurde?

Diese säumigen Schuldner begleiten die Kellerrechnungen durch die Jahrhunderte, und mancher Posten mußte schließlich in den Schornstein geschrieben werden. Man war zumal im 17. Jahrhundert darin außerordentlich nachsichtig. Innerhalb der Mauern und draußen, Adel und Bürgerliche, Hoch und Gering, im Schuldenmachen waren sie alle gleich. Hannoversche Adlige standen auch im 18. Jahrhundert tief in des Kellers Kreide, der Landdrost von Alvensleben und der Baron von Deneken gehörten in diese Kompagnie, so gut wie der Stadtvogt Renner. Auch die „Fürstin von Aurich" zählte 1764 zu den „schlechten debitores", und ihr reihten sich an Pastor Appelius, Schiffer Conrad Tietjen, sowie „Jude Frenkel". In der Zeit der Schwedennot (1666) hatte der brandenburgische Abgesandte, der das Heranrücken der verbündeten Freunde meldete, leider auch eine erhebliche Zeche hinterlassen, und 40 Jahre vorher findet sich in den Büchern „Die Linneweberfche" mit 266 Th., „die alte Abrahamsche" mit 2 Th. 48 Groten und endlich „die Hollwehlsche, war auf ein steinern Tisch im Keller": 2 Th. 67½ Gr. Da also befand sich ihr Konto. Bisweilen raffte man sich wohl einmal zu energischerer Anmahnung auf; so führten die Weinherren, Bürgermeister Kreffting und Ratmann Clamp, von 1606 bis 1612 einen ergötzlichen Streit gegen die Amtleute des Grafen von Bentheim zu Freudenberg durch, Otto Rath und Rotger Müntze, wegen restierender Weinschulden von Otto Raths Vater aus den Jahren 1593, 97, 98 und 99 in Höhe von 94 Talern, 50 Groten und 4 Schwaren. Auf diese Schuldsumme werden zunächst 172 Sack Kohlen im Werte von 18 Th. 40 Gr. abbezahlt; von dem Verbleib (76 Th., 10 Gr., 4 Sw.) werden 1609 nach langen Verhandlungen 43 Th. entrichtet, der Rest von 33 Th. 10 Gr. 4 Sw. endlich, nachdem bremischerseits wiederholt mit einem Arrest auf die Güter der Bewohner des Amtes Freudenberg gedroht und dieser vielleicht auch ausgeführt war, wird nach langen Verhandlungen, Mahnungen und Ausflüchten 1612 auch bezahlt. So schwer war es damals, Forderungen einzuziehen.

Der größte, empfindlichste und dabei immer wiederkehrende Ausgabeposten des Kellers bestand aber in der Abgabe von Weinen, für die er keinen Entgelt bekam; das waren die sogenannten Ehrenweine. In ihnen floß eine Quelle, die von vielen Durstigen umdrängt wurde. Man unterschied Ordinari- und Extraordinari- sowie andere Offizialweine, aber ach! nur die Namen waren verschieden. Das traurige Ergebnis stand fest, daß im 18. Jahrhundert alljährlich 55 Ohm für 7—8000 Th. damit hingingen.

In älteren Zeiten gab es ja für Staatsdiener kein oder nur ein geringes Gehalt, und im besonderen die Senatoren waren hauptsächlich auf Sporteln angewiesen. Daß sie in Wein abgegolten wurden, war ein alter Brauch und ebenso alt auch wohl die Sitte, daß der Wein in Geld umgesetzt werden konnte. Man nahm also für den nicht getrunkenen Wein das Geld und setzte die Gleichung zwischen beiden zu Zeiten recht hoch an. Später führte man die Weinzettel ein, die es gestatteten, den Wein zu beliebiger Zeit zu entnehmen. Ja, die Ratsherren trieben auch einen recht schwunghaften Handel mit dem ihnen zustehenden edlen Naß, wodurch der Keller somit zweimal geschädigt wurde und die „hochedle Witheit" suchte diesen Mißbrauch vergebens durch ihre Beschlüsse zu unterbinden. Die Witwe eines verstorbenen Ratmannes hatte Anspruch auf ein Nachjahr an Wein, und die Krone wurde alle dem durch die Gewohnheit aufgesetzt, daß man auch noch einen Vorschuß — natürlich an Geld — auf den erst in späteren Jahren fällig werdenden Wein vom Keller beziehen konnte. Auch diese Einrichtungen fanden erst mit der französischen Zeit ihr Ende.

Um 1671 bezogen die 4 Bürgermeister jährlich je 2 Ohm (eine Ohm etwa 150—160 Liter), die 24 Ratsherren je 1 Ohm, desgleichen die 4 Syndiker und Vizesyndiker je 1 Ohm „vor ihren Ehrenstand". An „Extraordinari"-Ehrenweinen erhielten aber die 4 Bürgermeister zu Neujahr, hl. Dreikönigen, Fastnacht, Lätare, Ostern, Pfingsten, Pantaleon (28. Juli), Martini und Weihnachten je 3 Stübchen (ein Stübchen = 4 Flaschen), also zusammen jeder von ihnen noch 27 Stübchen jährlich. Die 2 Bürgermeister, die gerade im Präsidium saßen, bezogen dafür aber noch extra je ½ Ohm. Es ist billig, daß bei dem Segen dieser Weinflut auch die vielgeplagten Weinherren sich nicht vergaßen, wobei zu beachten, daß der eine von diesen doch auch ein Bürgermeister war, so daß bei ihm unter Umständen der alte juristische Grundsatz: ne bis in idem völlig außer Kraft trat, denn hier hieß es sogar: ter in idem. Die Weinherren erhielten somit jährlich je 1 Ohm und bedachten sich auch an den eben genannten Festtagen, wo sie ebenfalls je 27 Stübchen einheimsten.

Dem Syndikus, der als Beisitzer beim Niedergericht tätig war, kamen dafür 22 Stübchen und 2 Quart (die Quart = eine Flasche) zu, den beiden senatorischen Mitgliedern desselben je 10 Stübchen. Der Scholarch (Schulherr) bezog 1 Ohm, die 4 Wachtherren je ½ Ohm, die 4 Kollektenherren desgleichen, der „Herr Richter" 1 Ohm, die 2 Mauerherren (wir bemerkten die nahe Beziehung des Ratskellers zur Stadtmauer) je 10 Stübchen, der Bauherr, der zugleich Senator war, 22 Stübchen, zwei Quart, während der bürgerschaftliche Bauherr sich mit 11 Stübchen und einer Quart begnügen mußte. Dem Archivar Dr. Hermann Post bewilligte der Senat 1731 „ob seines besonderen Fleißes" jährlich 1 Ohm. Der Physicus Dr. Joh. Cöper nahm wieder 22 Stübchen und 2 Quart auf sich, während dem Camerarius zu Lätare 4 Stübchen verehrt wurden. Ein gleiches Quantum (4 Stbch.) konnte der Sekretär, der auf Lätare den Bürgern die kundige Rolle vorlas, für sich verbuchen. Ihm mochte bei der langen Prozedur freilich auch die Kehle trocken geworden sein.

Endlich wurden auch dem Herrn, der eine propositio ad cives, einen Senatsantrag bei der Bürgerschaft, vorlas, 4 Stübchen verabfolgt, und sechs ließ der Keller springen bei der Einführung eines neuen Professors am Gymnasium Illustre. Noch wurden den Herren Predigern, die für die glückliche Überkunft der neu eingekauften Weine beteten, um 1700 jährlich 3 Stübchen verehrt. Es ist nicht zu bezweifeln, daß selbst dem Scharfrichter nach gutgelungener Verrichtung seines grausigen Geschäfts ein Stübchen dargeboten wurde. Nicht minder war natürlich bei Reisen und Gesandtschaften der Wein ein freundlicher Begleiter. Je nach der Entfernung nahm man mehr oder weniger mit, doch erregte es Anstoß, daß selbst bei sehr kurzen Fahrten, wie denen der Hafenherren nach Vegesack, ein reichliches Quantum angefordert wurde. Sogar zum Landgericht in Borgfeld mußten vier Flaschen mitgehen.

Es war eine stattliche Reihe von feuchten Gaben, die wir aufführen konnten. Bei manchen — wir sahen es — liefen sie wie eine Perlenkette durch das ganze Jahr, das „ermüdende Gleichmaß der Tage" in einen goldenen Rhythmus verwandelnd.

Die Weine und andere Getränke.

Wenn ich Rüdesheimer preise, mag dir Marcobrunner frommen,
Jeder such' auf seine Weise in das Paradies zu kommen.

A. Fitger.

Es wurde schon gesagt, daß des Rates Monopol sich fast nur auf Weißwein beschränkte, und dieser wurde auch im Keller, wenn nicht ganz allein, so doch in überwiegendem Maße verzapft. Ob Rhein- oder Moselwein, läßt sich dabei nicht erkennen; in den uns erhaltenen Notizen und Rechnungsbüchern erscheint der letztere erst recht spät mit seinem Namen bezeichnet. Auch machte man anfangs keinen Unterschied zwischen den Sorten und noch weniger in den Jahrgängen. Es bedurfte wohl erst einer höheren Kultivierung der Trauben und dementsprechend einer Verfeinerung des Geschmackes, um den Wunsch nach solchen Unterschieden allmählich hervortreten zu lassen. Man begnügte sich daher lange mit den einfachen Begriffen „besser" und „gemein", und der Kenner mochte sich freuen, wenn ihm der gute Wille des „Jungen" (Kellners) für sein Geld die edlere Sorte spendierte. Erst im Laufe des 17. Jahrhunderts begann man langsam, die Verschiedenheiten zu erkennen. Lange sind die Bezeichnungen „Rüdesheimer" und „Hochheimer" fast allein herrschend. Daß der „Rüdesheimer Berg" sich besonders auszeichnete, wurde man bald inne. Man könnte die Bestände des Kellers in dieser Zeit nicht ohne Grund fast als ein Lager von Rüdesheimer bezeichnen. Im 18. Jahrhundert war man über die Jahrgänge schon recht wohl unterrichtet. 1706 war z. B. ein sehr guter Herbst gewesen, und 1712 war soviel Wein gewachsen, daß man nicht Fässer genug finden konnte. Die Jahre 1718, 1719, 1723, 1726 und 1727 waren alle „extra gut". Um 1760 war der Bremer Ratskeller bei den Firmen Stubenrauch, Wwe. Emmerich in Mainz und beim dortigen Kartäuserkloster einer der besten Kunden; von Dalberg in Mainz verkaufte 1762er Nierfteiner, und von Delsan in Hochheim hatte einen der besten Keller am Rhein.

Daneben kam im 15. Jahrhundert der „Elsasser" auf den Tisch, der auch einige französische Weißweine mit umfaßt haben mag, wie etwa den burgundischen Osoy (Auxois). Pfalzweine und Frankenweine waren im Keller kaum vertreten, sowenig wie deutscher Landwein. Bei den Verbesserungsvorschlägen, die um 1715 gemacht wurden, beschloß man auch, drei Sorten von Wein zu bezeichnen, aber erst nach der Franzosenzeit, also hundert Jahre später, ging man wirklich dazu über, das Gewächs und den Jahrgang verschieden zu bewerten. Die Weinkarte von 1820 zeigt das neue Verfahren zum ersten Male durchgeführt.

Die Ohm kaufte man im 17. Jahrhundert für etwa 27 Th. ein und verkaufte sie für 40 Th., also mit 13 Th. Gewinn. Die Flasche kostete lange einen Groten, so schon, als das Rathaus erbaut wurde (1405). Bei einem Münzwerte von 40—45 Pfennig war das, in Ansehung der damaligen Kaufkraft des Geldes, kein geringer Preis. Später stieg dieser bis auf 24 Gr. und darüber, d. h. nicht in gleichem Maße mit der Geldentwertung, sondern erheblich höher, und im Laufe des 18. Jahrhunderts, als man schon eines bedeutenden Lagers alter Weine sich erfreuen konnte, wurden diese natürlich auch entsprechend bezahlt. Lange ist da der Johannisberger Kabinett von 1783 der am höchsten geschätzte Wein gewesen. Im ganzen war das

Lager während des 15. und 16. Jahrhunderts noch nicht groß, längst nicht so stattlich, wie das der Keller von Hamburg und Lübeck. Ende 1669 hatte es einen Bestand von 250 Ohm, wozu 1670 noch 309 Ohm hinzukamen, doch setzte es sich in guten Zeiten sehr rasch um. 1756 hatte man etwa 1300 Ohm.

Auch „Bleichert" gelangte um 1660 in den Verkehr, ein hellroter Ahrwein, der aber wenig Absatz fand. Dagegen hat der Bremer Ratskeller französischen Rotwein, soweit wir wissen, niemals geführt, zumal auch nicht den sogenannten Poitou, der über La Rochelle ausgeführt und z. B. in Lübeck zeitweilig stark ausgeschenkt wurde. Im Laufe des 16. Jahrhunderts verschwindet er in Bremen auch aus dem Privathandel, um erst viel später wieder aufzutreten. Der Handelsvertrag der Hansestädte mit Frankreich von 1716 wird ihm aufs neue die Bahn gebrochen haben. Das französische Geschäft belebte sich dadurch überhaupt außerordentlich, und damals konnte auch erst eine größere Zahl ansehnlicher Weinhandelsfirmen wie die Barkey, Deneken und Duntze entstehen, die alle auch im Rat durch ihre Mitglieder vertreten waren. Indessen hatte auch späterhin der Rotwein mit Schwierigkeiten zu kämpfen, weil er unverhältnismäßig schnell im Preise stieg.

Dagegen war seit alter Zeit der spanische Wein im Keller beheimatet, der gern über Amsterdam oder Hamburg bezogen wurde. Dazu gehört der Bastert, ein schwerer, süßer Weißwein, der Wyntindt (vino tinto) und der lange im Keller geführte Sek[t] von Xeres. Seit etwa 1660 tritt der Canaries-Sek hinzu. Ein anderer wiederum ist der Alicante.

Auch der Rumenie ist hier zu nennen und der Malvasier, der, aus Griechenland stammend, später nach anderen Gegenden verpflanzt wurde. Dieser letztere wird zuerst 1445 in Bremen erwähnt und behält seinen Namen, während der Rumenie in der Folge einfach als „spansch Wein" bezeichnet wird.

Sie alle dienten wohl mit dazu, die Herbheit des deutschen Weißweins durch Mischung zu mildern, eine Aufgabe, die der Pedro Ximenes, in Bremen meistens Peter Simenis genannt, vielleicht noch heute zu erfüllen hat. Er soll von einem Deutschen namens Simon aus deutschen Reben zuerst in der Nähe von Malaga gezogen sein und wird seit dem Anfang des 17. Jahrhunderts wohl wegen dieses Ursprungs noch immer geführt, während alle anderen Süßweine im Laufe der Zeit aus dem Keller wieder verschwunden sind. Um 1670 gelangten hier von ihnen etwa 16 Ohm in den Konsum.

Man bezog sie in Pipen zu etwa 500 Litern oder in Botas (= 2 Oxhoft). Es wird in den Verordnungen den Bürgern erlaubt, sie im Gegensatz zu den rheinischen Weinen in gewissen Mengen zu verzapfen, soweit sie ihn selbst aus der Fremde geholt hatten, aber nur in ihren eigenen Häusern und gegen eine hohe Abgabe für die Stadtmauer.

Auch der Ausschank der sog. korten wine, kurzen Weine, worunter man alle nicht rheinischen deutschen und vielleicht auch die französischen Weine verstand, war ihnen ebenso wie den „Gästen" verstattet.

Eine besondere Gattung waren noch die im Mittelalter sehr beliebten Mischtränke, von denen in Bremen der auch in England wohl bekannte Claret oder „Lutertrank" lange Zeit die Zierde des Mahles war. Es war ein Gewürzwein, mit Honig zubereitet. Seinem Ausschank widmete der Rat gleichfalls besondere Bestimmungen. Er war nur dem Stadtkeller und dem Apotheker des Rates, den Privatpersonen aber höchstens ausnahmsweise zu bereiten erlaubt. 1498 gehörte zu einer solennen Ratsmahlzeit „clareter wyn unde ber." Schon im 17. Jahrhundert kam er völlig ab. Man trank ihn, wie auch die anderen Weine, oft in „Schauern", d. i. großen hölzernen, zinnernen oder gläsernen Bechern.

Ein anderes merkwürdiges Getränk, der Alantwein, hat sich weit länger als die meisten der genannten erhalten. Er wurde aus der Alantwurzel bereitet, kam aus Bacharach und war ein Bitterwein, der zuletzt noch 1848 in den Rechnungen vorkommt.

Eigentümlicherweise findet sich auch immer ein nicht unerheblicher Betrag für Weinessig verbucht, den die Herren sich auch zu ihren Festen auf das Rathaus holen ließen. Der gefährlichste unter diesen Geistern war jedoch der Branntwein, sicher seit dem 15. Jahrhundert in Bremen bekannt und seit dem 16. unausgesetzt im Keller heimisch, wenn er auch nicht in großen Quantitäten abging. 1670 wurde immerhin ein Ohm davon verbraucht. Er wurde meistens von Straßburg bezogen, aber auch von Frankfurt.

Gelegentlich diente der Keller auch als Lager für fremde, auswärtigen Herren gehörige Weine. So schickte der Coadjutor von Speyer, Cardinal von Schönborn, 1718 seinen Oberhofmeister nach Bremen, um sich für eine derartige Gefälligkeit zu bedanken und dabei den Rat und „die ganze gute Stadt Bremen" seiner „besonderen Neigung, Affektion und Hochachtung" zu versichern. Dieser wollte dem geistlichen Fürsten beweisen, daß auch er etwas von der Etikette verstehe und antwortete gar zierlich, daß jener gern, solange es ihm beliebe, den Wein im hiesigen Keller behalten möge. „Wir fügen nur noch hinbey, daß Ew. Eminenz uns und dieser guten Stadt so öfters angediehene patronance und Gnade von uns wohl eine größere als diese gar geringe reconnaissance erforderte, wann dergleichen zu praestiren hiesiger geringfügiger Zustand nur verstatten wollte."

In einem Bremer Ratskeller durfte auch das alte Bindemittel niederdeutscher Trinkstuben, das Bier, nicht fehlen, das dem einfachen Bürgersmann natürlich geläufiger war als der teure Wein und im Keller sicher von Anfang an, bis zur französischen Zeit, gezapft wurde. Es gab für seinen Ausschank dort einen besonderen Raum, der wohl in dem ehemaligen Zapfkeller („tapkeller"), dem heutigen Bacchuszimmer zu suchen ist und später mehr nach der Gegend des jetzigen Tresens hinwanderte.

Im 14. Jahrhundert mußte das altberühmte Bremer Bier seinen Rang an das Hamburger abtreten, das seinerseits im sechzehnten wieder von dem Eimbecker Bier verdrängt wurde; das um 1450 erwähnte Geismer Bier konnte sich nicht lange behaupten. Der Kellerpächter Martin Hemeling führte um 1547 beides, Hamburger und Eimbecker. Seit dem Dreißigjährigen Kriege trat das Mindener Bier an die erste Stelle und wurde bald so beliebt, daß es bei keiner Hochzeit oder anderen Festlichkeiten mehr fehlen durfte. Die bremischen Brauer wandten sich deshalb beschwerdeführend an den Rat, erhielten aber den vernünftigen Bescheid, sie sollten sich bemühen, einen ebenso guten Trank zu brauen, dann würden sie die Konkurrenz schon bestehen können. Im Ratskeller erhielt es sich rund hundert Jahre in der Herrschaft, warf jedoch im Vergleich zum Weingeschäft immer nur einen bescheidenen Gewinn ab. Dies um so mehr, als stets ein gut Teil davon sauer wurde. Die Fuhrleute, die ebenso wie der Weinmann mit entsprechenden Empfehlungsschreiben für die Reise ausgerüstet wurden, tranken leider unterwegs auch ein Quantum aus. Dagegen sei gar nichts zu machen, sagte 1666 der Hoppmann; wenn man es verbieten wollte, würden sie es gleichwohl tun und für den Abgang Wasser zugießen. 1683 wurde ein Lieferungsvertrag mit Berthold Goltschläger in Minden geschlossen. 1670 wurden 105 Tonnen verzapft und 56 im Großen verkauft. Nach Einkauf und Fracht kam die Tonne für die Fahrt von Minden bis Bremen auf 1 Th. 60 Gr. zu stehen. Zuletzt wird es 1743 im Keller erwähnt. Zu Anfang des 17. Jahrhunderts wurde auch Paderborner Bier häufig bezogen. Seit etwa 1750 aber nahm das Bremer Weiß- und Rotbier wieder die früher verlorengegangene Stellung ein. Daneben wurde der hannoversche Broyhan oder Brühan, ebenfalls ein Weißbier, gern getrunken. Neben dem Syker erscheint besonders Burgwedeler (bei Celle) Brühan.

Der Wandel der Zeiten.
Niedergang und Aufschwung.

>Wenn ein hochweifer edler Rat
>Getreu den Bürgern feiner Stadt,
>Wie hier, schenkt immer reinen Wein,
>Das mag wohl hoch zu preifen fein.
>H. Allmers.

Der Ratskeller hat dasselbe Schicksal gehabt wie andere kaufmännische Unternehmungen — eine solche war er letzten Endes doch auch — die, selbst wenn sie innerlich gesund sind, doch im Wandel der Zeiten Perioden des Aufstiegs und des Niedergangs erleben. Eine solche Krisis hatte er, aus verschiedenen Gründen, um 1670 durchzumachen. Sie dauerte bis ins 18. Jahrhundert hinein. 1685 wurde das Haus des Hauptmanns an der Ecke des Marktes und der Obernstraße, dessen eine Seite in beredter Sprache ein schöner Weinstock zierte, für 4000 Th. verkauft und dem bisherigen Bewohner dafür ein Haus zur Miete in der Sögestraße angewiesen. Die Bürgerschaft war dem Keller, wohl wegen seiner Privilegien und seiner engen Verbundenheit mit allerlei wenig beliebten Abgaben, gar nicht sehr gewogen. Schon 1665 hatten sie in eine Vermögensteuer nur unter der Bedingung gewilligt, daß der Ratskeller binnen drei Monaten verpachtet würde. Senatus antwortete: hätte es „vorerst mit den Apotheken versucht und wollte sehen, ob es practicabel, und mit der Zeit versuchen, ob es sich mit anderen auch tun lasse." 1672 fragten Cives aufs neue an, „ob es nicht am besten, daß der Weinkeller verpachtet würde." Der Senat erwiderte kühl: „man hätte bislang noch keinen Pächter finden können. Cives möchten nur einen Vorschlag tun."

Es war die Zeit, wo die Betrügereien eines früheren Weinherrn, des Dr. Joh. Hüneken, aufgedeckt wurden, wo die schlechte Wirtschaft mehrerer Kellerhauptleute an den Tag kam, wo schließlich kein Wein, kein Geld und kein Kredit mehr vorhanden war. Da lernten auch die Weinherren die Schattenseite ihres Berufes kennen, indem ihnen ihre Kollegen im Senat kurzerhand die Verpflichtung auferlegten, mit ihrem eigenen Vermögen einzuspringen und für 8—10 000 Th. Wein auf Vorschuß einzukaufen. Auch von den Bauherren zu S. Ansgarii mußten sie 500 Th. dafür anleihen. Im Jahre 1666 hatte Bürgermeister Wilhelm von Bentheim in gleicher Weise mit 1000 Th. in Vorschuß treten müssen, wofür ihm der Stadt Güter, besonders aber die Aufkünfte des Weinkellers verpfändet wurden. Um 1712 schlug der Bürgermeister Liborius von Line vor, daß auch die „Herren" nicht so selten, wie bisher, im Keller erscheinen sollten. Sie müßten sich selbst in großen oder kleineren „Compagnien" dahin begeben, den Privaten dieselben entziehen und dem Keller zuführen. Die Kaufherren möchten ihre Schiffsrechnungen dort und nicht in anderen Weinhäusern ablegen lassen. Die Kellerbedienten sollten den Gästen mit aller Höflichkeit begegnen. Die Weine müßten dort billiger und besser sein als anderswo, wobei man sich anfangs mit kleinerem Nutzen begnügen möge.

Es scheint, daß diese Mahnungen Erfolg hatten. Die schwierigen Zeiten wurden überwunden, und im zweiten Jahrzehnt des 18. Jahrhunderts erholte der Keller sich merklich — neben dem Bürgermeister von Line hauptsächlich das Verdienst des Kellermeisters Wilhelmi. Je weiter das Jahrhundert vorrückte, desto stärker wurde der Verkehr, desto größer die Einnahmen. Die Periode von 1750 bis 1800 ist vielleicht die schönste Blütezeit gewesen. Die Einlagerung besonders hochwertiger Weine, die zum Altern bestimmt wurden, war ständig fortgesetzt worden. An den 1653er Rüdesheimer hatte sich um 1660 eine Partie „überaus köstlicher" Hochheimer angeschlossen, und neue Firneweine traten in der Folge hinzu, die den Weltruf des Kellers begründeten.

In diesem Sinne bietet 1787 ein auswärtiger Verehrer dem Senat den Weinnachlaß seines verstorbenen Schwiegervaters an, 200 Stück, „die Perle unter allen Kellern am Rhein. Die Käufer, die darum buhlen, sind ohne Zahl": Holländer, der Markgraf von Ansbach, der Kurfürst von Mainz, der alles kaufen will. Aber ich „gönne Ihrer Vaterstadt vorzüglich diesen herrlichen Vorrat." Und 40 Jahre später, 1825, schrieb der Kaufmann P. de Chapeaurouge aus London an den Kellermeister Wilhelmi, er möge ihm schwere alte Weine liefern. Denn es „kann bekanntlich nichts noch so vorzügliches an Rhein- und Moselweinen geliefert werden, was der Bremer Ratskeller nicht noch vorzüglicher zu liefern imstande wäre."

Solches Ansehen, im Einklang mit dem Geschmack der Zeitgenossen, brachte dem Keller nicht nur idealen Ruhm, sondern auch einen sehr erheblichen materiellen Gewinn. Es wurde ihm nicht schwer, anderen etwa notleidenden Stationen der Verwaltung hilfreich beizuspringen, ja, in den Jahren, wo am Ausgang des 18. Jahrhunderts Bremen um seine politische Existenz zu kämpfen begann, der Geheimen Deputation für allgemeine Staatszwecke 100 000 Th. vorzuschießen. Als man die Aktien für eine vom Staate eingerichtete Tontine nicht unterbringen kann, muß der Ratskeller den Rest übernehmen. Überall mußte er Geld vorstrecken, das er nicht wiedersah. Sogar für ganz fremde Zwecke waren Mittel vorhanden, z. B. konnte der Keller mehrfach Stipendien für bedürftige Studenten gewähren.

Um 1800 war der Höhepunkt erreicht; er ist allerdings nicht

lange behauptet worden und erst hundert Jahre später wiedergewonnen, ja überschritten.

Bald darauf begann die Franzosenzeit ihre Schatten zu werfen. Ihre Vorboten bemerkte man, als dieselben 1803 Hannover besetzten. Bremen fühlte, daß eine kritische Zeit heraufzog. Jedenfalls hielt man es für geraten, sich das Wohlwollen der siegreichen Republikaner zu verschaffen, und dabei glaubte man in den Weinbeständen des Ratskellers keine verächtliche Stütze zu haben. So wanderten denn von nun an jahraus, jahrein die alten bestaubten Fässer und Flaschen, der Stolz des Staates, nach Hannover, wo der General Mortier sein Hauptquartier hatte, zu Bernadotte und ihren untergebenen Divisionskommandeuren. General Rivaud in Verden erhielt zwei Kisten von je 50 Bouteillen, die eine enthielt de vieux vin, die andere aber, ach!, sogar du vin plus vieux encore. Sie scheinen ihm so gut geschmeckt zu haben, daß der Senat diese artige Aufmerksamkeit nach einigen Monaten noch einmal wiederholte, wobei er den General bat, ihm einen kleinen Platz in seinem précieux souvenir zu bewahren. So vieler Höflichkeit konnte er, wie seine Nachfolger, nicht widerstehen, sie hatten die Gnade, die begeisternden Geschenke nicht abzulehnen; auch der General Défolles in Hannover erfüllte dem Senat die douce espérance par une suite de ses bontés connues ihm seine Bitte um Annahme der Weine nicht abzuschlagen. Mortier und Bernadotte hatten offenbar auch noch für andere Sorten Verständnis. Außer altem Rheinwein von 1760 erhielten sie auch eine würdige Spende französischen Weines von 1680, sowie Chateau Margaux, Madeira und Portwein, Weine, die der Senat selbst erst kaufen mußte, da der Keller nicht über sie verfügte.

Trotzdem war dieser noch 1810 in sehr guter Verfassung. Er besaß ein Lager von 2800 Ohm und ein gut verzinslich belegtes Vermögen von fast 200 000 Th., auf der anderen Seite dagegen gar keine Schulden. Da er mit ihm für die Schulden der Neberkammer, der bedeutendsten Station der bremischen Finanzverwaltung, haften mußte, diese aber wieder besonders die Kapitalien der milden Stiftungen angeliehen hatte, wäre durch ihre Einziehung ein unabsehbares Unglück entstanden. Es gelang aber dem Weinherrn, Senator Georg Gröning, im Verein mit dem wackeren Maire Wichelhausen, die französischen Machthaber davon zu überzeugen, daß ein überstürzter Verkauf, den sie zugunsten der französischen Finanzen beabsichtigten, die Preise ungeheuer drücken müßte, um so mehr, als sie gleichzeitig die Versteigerung des Hamburger und Lübecker Ratskellers verfügt hatten. Hier war „Zeit gewonnen, alles gewonnen." Man kam damit weit in das Jahr 1812 hinein, und schließlich unterblieb die Sache überhaupt. Das altehrwürdige Weininstitut mit seinen uralten Beständen, die ihm gerade seine splendeur gegeben hatten, war aus der schlimmsten Gefahr gerettet.

So konnten der Rüdesheimer von 1727, der Niersteiner von 1800, Bodenheimer von 1802 mit vielen anderen, vor allem aber die berühmten Apostelfässer, die schon auf der Versteigerungsliste gestanden hatten, ihr Leben noch weiter fristen, allerdings nur, um den Franzosen, die in ihnen schlemmten, jetzt zum Teil auf andere Weise geopfert zu werden. Bei den festlichen Ereignissen dieser Jahre, der glänzenden Feier von Napoleons Geburtstag (15. August) auf der Börse und seines Krönungstages (2. Dezember), floß der edle 1783er Johannisberger in Strömen, und ebenso mußte der Apostel Bartholomäus seine Schätze hergeben. Der Präfekt Graf Arberg, der General Vandamme und wie sie alle hießen, waren auch nicht blöde; jeder wollte den Ratskeller besuchen, und zwar gründlich.

Aber auch nach ihrem Abzug erging es ihm nicht anders. Im Gegenteil, denn nun kam Tettenborn mit seinen Russen, und die konnten es vielleicht noch besser. Dann kehrten die Franzosen zurück, und dann noch einmal die Russen. Ein Traktament folgte dem anderen, dänische, englische Offiziere erschienen. Bernadotte stellte sich abermals auf der Börse ein, nur jetzt in anderen Farben, als Kronprinz von Schweden, aber der Weinschlurf blieb derselbe. Neue Kisten gingen beim Herzog von Cumberland in Hannover ein, auch der Kapitän der englischen Fregatte, die vor der Weser kreuzte, ward nicht vergessen: 1 Ohm rollte ihm auf das Schiff, und der Geburtstag des Kaisers Alexander von Rußland erforderte mindestens dieselben Weinopfer, wie der Napoleons, nur daß man sie vielleicht lieber hergab als zuvor. 1814 wurde der Senat erinnert, daß er dem Herzog von Wellington 12 Flaschen von der Rose und dem Apostel Judas versprochen habe und beeilte sich, sein Wort einzulösen. Selbst die Diplomaten des Wiener Kongresses nahmen schmunzelnd die bremischen Weinpräsente, die ihnen auf des klugen Smidts Veranlassung zugingen, entgegen. „Kunst bringt Gunst" — das alte Wort wurde hier variiert: Wein schuf jetzt überall guten Willen und öffnete die Herzen, zumal da es Bacchuskinder waren, die auch für viel Geld anderswo kaum zu haben waren. So fehlte es dem Keller damals nicht an Absatz, leider ohne Bezahlung. Allein in den Jahren 1813 und 1814 war an das fremde Militär für etwa 10 880 Th. Wein, nach anderer Berechnung insgesamt 3132 Flaschen, geliefert worden.

Diese Gefahr war noch nicht lange überwunden, als dem Keller schon wieder eine andere, nicht minder große, drohte. Im Zusammenhange mit der Neuordnung des bremischen Staatswesens nach der französischen Zeit war 1818 auch für ihn an Stelle der vielhundertjährigen Alleinverwaltung des Senates eine solche durch eine gemeinsame Deputation aus Senat und Bürgerschaft getreten. Ihr Rechnungsführer war meistens ein Weinhändler. Bei ihrer Untersuchung der finanziellen Verhältniffe hatte fie bald genug Veranlaffung zu einem eingehenden Bericht, den fie 1820 erftattete. Die allgemeine Verarmung und Erfchöpfung nach den Befreiungskriegen hatte auch den Ratskeller in Mitleidenfchaft gezogen. Dazu kam eine völlige Umwandlung in der Gefchmacksrichtung. Das Intereffe für fchwere alte Weine hörte auf, und man glaubte fie auch deswegen entbehren zu können, weil in kurz vergangener Zeit die Jahre 1811 und 1819 vortreffliche Gewächfe hatten reifen laffen, von denen der letztere als Kometenwein berühmt geworden ift. Man lernte diefe Produkte auch beffer zu behandeln als früher und fand die alten Schätze darum nicht mehr begehrenswert. Gerade an ihnen war der Keller aber fo reich und demgegenüber ein jährlicher Abfatz von 150 Ohm äußerft gering. Der Gewinn daraus konnte nicht entfernt die Zinfen und Koften decken. Man hatte deshalb auch fchon feit 1816 keine Einkäufe mehr gemacht, mit Ausnahme je eines Stückes von dem herrlichen 1819er Rüdesheimer und Hochheimer. Aber die Verfuche, die man machte, um einen fchnelleren Abfatz herbeizuführen, hatten keinen Erfolg, und vor einer Verfteigerung fcheute man doch zurück. In diefer Not kam die Bürgerfchaft auf den Gedanken, fich des ganzen Kellers überhaupt zu entäußern und von dem Erlös die ohnehin als fehr drückend empfundenen Koften für die Anlage Bremerhavens teilweife zu decken. Da aber trat der Senat für feinen Keller ein und erklärte, ein folches Extrem laffe fich nicht rechtfertigen, wodurch die Stadt fich eines Befitzes gänzlich entäußere, der jederzeit ihr zur Zierde gereicht, auch früher der Staatskaffe bedeutende Summen zugeführt hätte. Der Abfatz, der fich vom Juli 1826 bis Juni 1827 noch auf 53 Ohm belaufen hatte, brachte jedoch fchon im nächsten Jahre einen direkten Verluft und fank von 1828 bis 1829 mit 39 Ohm auf die niedrigfte jemals erreichte Stufe. Somit befchloß man, unter der Hand im großen und felbft für den Kleinhandel

5—600 Ohm zu sehr günstigen Bedingungen zu verkaufen und erzielte damit allmählich durchaus das gewünschte Ergebnis. Schon 1830 erhöhte sich der Absatz wieder auf 80 Ohm.

Auch auf anderen Gebieten war Sparsamkeit das Stichwort. Mit dem Tode des letzten Wilhelmi 1833 erlosch das alte Amt des Kellerhauptmanns; einen Teil seiner Geschäfte übernahm die Deputation, einen andern der Kellermeister. In den 14 Jahren von 1827 bis 1841 wurde das Lager von 1911 Ohm auf 1221, also um rund 690 Ohm, verkleinert.

Damit hatte der Keller auch diese schwere Krisis überstanden und ging nun einem neuen Gedeihen entgegen, ein Verdienst besonders des Eltermanns Bechtel, der seit den vierziger Jahren als Rechnungsführer tätig war und damals auch die sogenannten Musiktage einführte. Auch der kleinmütige Beschluß, den Börsenkeller als Packkeller zu vermieten, den man schon vor mehr als einem Jahrhundert, wo die Verhältnisse ebenso ungünstig waren, gefaßt und nun 1833 wirklich ausgeführt hatte, wurde wieder rückgängig gemacht. Man schaffte mehr junge trinkbare Weine an, so daß mit der Zeit wieder ein jährlicher Gewinn erzielt wurde. 1848 belief sich dieser bereits auf fast 10 000 Th. 1857 besaß der Keller nur noch 650 Ohm, wohl der niedrigste Stand in neuerer Zeit überhaupt, unter denen aber immer noch 500 Ohm alte Jahrgänge (vor 1812) waren. 1863 hatte man wieder 1877 Ohm, darunter aber nur noch 381 alte, dagegen 1496 junge Weine. In den 15 Jahren von 1848 bis 1863 war also fast die Hälfte des Lagers älterer Weine abgestoßen, das der jungen dagegen beinahe vervierfacht. Die neuen Käufe zogen besonders von den großen Jahrgängen 1857, 1862, 1865, 1868 Nutzen, wofür allmählich ganz bedeutende Mittel bewilligt wurden. Ihnen sind erst die Weine von 1893, 1911 und 1921 wieder gleichgekommen.

Die Verbesserung des Wirtschaftsbetriebes tat ein übriges.

Der wirkliche Verdienst des Kellers wurde allerdings selbst damals (1864) von einem kritischen Beurteiler recht zweifelnd betrachtet. Er veranschlagte den Kapitalwert des Lagers auf 106 000 Th. und erwog dazu, daß von den hier konsumierten Weinen der Staat keine Konsumtionsabgabe erhielt, wozu noch der Mietwert der Lagerräume kam. Damit reduzierte sich der Betriebsgewinn derart, daß der Staat eigentlich nur 2½ Prozent durch den Betrieb verdiente; das übrige würde er auch ohne dies genießen können.

Der große wirtschaftliche Aufschwung Deutschlands und — seit 1888 — auch Bremens kam natürlich auch ihm zugute, und immer mehr wurde er, dem 1894 auf Antrag der Bürgerschaft wieder der alte Name „Ratskeller" statt des „Stadtweinkellers" verliehen wurde, ein allen Kreisen der Bevölkerung lieber und vertrauter Freund. Bis vor kurzer Zeit belief sich der Bestand in Fässern und Flaschen auf rund 800 000 Liter, und auch heute noch ist er sehr bedeutend.

Die Kellerräumlichkeiten.

> Beim Wein bewahre wohl dein Wort,
> Hier geht kein Laut verloren
> Der Pfeiler führt's zum Pfeiler fort,
> Die Wände haben Ohren.
> 　　　　　　　A. Fitger.

Wenn man den Bremer Ratskeller richtig kennenlernen will, muß man freilich seine Geschichte ein wenig studiert haben, von seinen Einrichtungen und Lebensbedingungen Bescheid wissen. Denn aus der Vergangenheit ersteht die Gegenwart. Aber wie es nicht genügt, wenn man auch noch soviel über Wesen und Werdegang eines lieben Menschen erfährt und wir erst aus der Betrachtung seines Antlitzes, wenn wir Auge in Auge ihm gegenübergestanden haben, den vollen Eindruck seiner Persönlichkeit gewinnen, so muß man auch in den behaglichen, vom edlen Rost der Vergangenheit überzogenen Räumen selbst geweilt, sie wieder und wieder durchwandert haben, um ein klares Bild zu gewinnen. Fünfhundert Jahre und ein Viertel des sechsten Säkulums sind seit ihrer Entstehung vergangen — was vermöchten sie alles zu erzählen, wenn ihnen Sprache verliehen wäre? Doch auch so geben sie dem forschenden Auge manche Auskunft, wenn wir sie respektvoll befragen, und wir entdecken, daß auch an dem Keller, genau so wie am Rathaus und seiner Halle, die Generationen gearbeitet und verwandelt haben, wie an den mächtigen alten Baum die Abfolge der Jahre ihre Ringe anlegt.

Als der Ratskeller entstand, mag nicht viel mehr als die große Halle vorhanden gewesen sein, deren Decke von zwanzig Pfeilern getragen wurde, sie selbst in drei Schiffe von gleicher

Größe geteilt. Aber schon sie hat sich immer und immer wieder verändert. Die Wölbungen sind heute nicht mehr gotisch, und es gibt keinen Teil des Raumes, der nicht vor Zeiten anders ausgesehen hätte. Sicher waren die Wände bemalt, wovon heute nur ein paar matte Reste, die vor mehreren Jahren unter der Kalkwand zum Vorschein kamen, noch Zeugnis geben. An ihrer linken Längsseite, also nach Norden hin, sollen einstmals sich die Nischen befunden haben, die jetzt im Süden, nach dem Markte zu, vorhanden sind. Dort lag der schon genannte Zapfkeller, in dessen zweitem Bogen die Bergenfahrer ihre Zusammenkünfte hatten. Hier war die Stadt Bergen gemalt, die heute eins der Priölken ziert, und an der Wand stand der Olaus (Olaf) abgeschildert, der norwegische Schutzheilige. Im dritten Bogen war der Sitz der Lohgerber. Ihr Haus stand ehedem auf der Stelle, wo nachmals das Rathaus erbeut wurde. Deshalb gewährte man ihnen, als man es niederriß, im Ratskeller einen ständigen Platz, der durch zwei Rammeshörner (Bockshörner) geziert war. An der Wand las man die Namen der Morgensprachsherren und Amtsmeister, die noch 1669 durch andere, auf einem Brett mit Goldbuchstaben, ersetzt wurden. Auf der linken Seite befand sich das Wappen eines Ratmannes mit den Versen darunter:

> Durch viele Arbeit, Müh' und Plagen
> Muß das Leder werden gut.
> Kann man wohl vom Silber sagen,
> Daß es ohn' des Feuers Glut
> Für recht Silber mag bestehen?
> Also pflegt es insgemein
> Mit den Frommen auch zu gehen.
> Wann Verfolgung, Angst und Pein
> Sie anfechten, muß es ihnen
> Ob's dem Bösen schon mißfiel
> Endlich doch zum Besten dienen.
> Denn dies ist des Herren Ziel.

Wohl erst im 16. Jahrhundert erfuhr der Keller Erweiterungen nach Osten, Westen und Norden. Wir haben keine genaue Kunde, wann der Echosaal, an dem eine akustische Eigentümlichkeit die an einem Pfeiler gesprochenen Worte am nächsten vernehmbar macht, entstanden ist, aber wir wissen, daß er mit der genannten Eigenschaft weinfröhlichen Paaren stets eine willkommene Gelegenheit zu harmlosen Scherzen geboten hat. Die Sage will, daß im Echosaal der Dichter Hauff gezecht und seine Phantasien erträumt hat, darum ist hier sein Medaillonbild angebracht und letzthin von dem Maler Dannemann mit lustigen Emblemen umgeben. Bei einer umfassenden Erneuerung dieses Raumes im Jahre 1927, die sich auch auf das Gestühl erstreckte, hat Max Slevogt sein hohes Können in den Dienst des Kellers gestellt und ihn mit von vielen bewunderten Fresken aus den „Phantasieen" geschmückt. Ältestes und Modernes reichen sich hier die Hand, und Dichtkunst, Sage und Malerei schweben über der Stätte in wundersamem Zusammenklang. Bis 1874 war sein nördliches Drittel durch eine Mauer abgetrennt, hinter der die „Rose" lag. So nannte man das Gemach, in dem die ältesten, besten Weine lagerten, die schon bei den Römern in dunkeln Räumen an der Nordseite des Hauses untergebracht waren, wo sie Ruhe und Schutz gegen Zugluft und Licht genossen. Daß solche Gemächer den Namen von Blumen führten, war in den niedersächsischen Städten nicht selten, und die Rose entstand, als man zuerst begann, Weine zu längerem Lagern abzusondern. 1599 wird sie im Bremer Ratskeller zuerst erwähnt. Das Gemälde einer vollerblühten mächtigen Rose leuchtet von der Decke, und neuerdings hat man zwei prächtige Werke Arthur Fitgers, den Roland und die Rose, die er 1874 geschaffen, von dem Hauffsaal hierher verbracht. Im übrigen ist der Raum mit seinen kahlen weißen

Wänden völlig einfach gehalten, und doch werden sich wenige unter den Fremden, die ihn so zahlreich besuchen, eines ehrfürchtigen Staunens erwehren können. Hier also lagern jene Fässer mit uraltem köstlichen Rebenblut, von denen das älteste, der Rüdesheimer von 1653, noch die Schwedenzeit sah; denn dieser Wein ward gekeltert, als Königsmarck mit seinem Heer vor unsere Tore rückte. Würdig reihen sich einige jüngere Kameraden dem Senior an, auch sie noch an die zweihundert Jahre zählend. Zwei der Fässer bergen Moselwein von 1723 und 1731. Nur eine kleine aufrechte Schar hat den Sturm der Zeiten überdauert, jetzt noch ihrer sechs, während es einstmals zwölf, ja vierzehn waren, die dort „pro honore civitatis" lagen.

Stets haben diese bemoosten Häupter die Phantasie geweckt und sogar die Rechenmeister begeistert. So stellte 1795 J. F. Riemenschneider eine etwas abenteuerliche Berechnung über die Kosten eines Tropfens aus dem ältesten Rosefasse an, wobei aber einige Fehlerquellen nicht beachtet sind.

1833 fand man einen Studenten, den Sohn eines sehr bekannten Göttinger Professors, tot im Ratskeller vor. Auf einen Zettel, der an die Rose geheftet war, hatte er die Worte geschrieben:

„Zu Bacchus Füßen
Mich zu erschießen,
War längst mein Zweck."

Haben die alten Herren des 17. und 18. Jahrhunderts auch hier gesessen und gezecht? Wir möchten es gern glauben. Warum hätten sie sonst die Wände mit lateinischen und deutschen Versen geziert, deren schwierige Wendungen die erste Hälfte des 18. Jahrhunderts, da noch der Neuhumanismus nicht erwacht und die Klassiker unsere Sprache nicht geläutert hatten, verraten. Erst in einer Zeit, wo man weder Sinn für Kunst, noch Ehrfurcht vor dem Alten hatte, sind auch hier die Wände übertüncht und die meisten dieser Verse auf schlechte Bretter gemalt worden.

Auch unter gepuderten Perücken konnten Bacchus und Amor die Köpfe verdrehen.

Dr. Dethard Düsing, selbst Weinherr, sang wohl als alter Herr das Lob des Weines:

>   Hae Rosa luminibus Veneres
>   Nectarque palato
>   Objicit. Exhalans pocula grata cadis
>   Vina vetusta tenet grandaevi munera Bacchi.
>   Sint procul hinc juvenes! Vos decet iste senes

(Diese Rose bietet den Blicken die Freuden der Liebe, dem Gaumen den Nektar. In lieblichen Balsamdüften reicht sie dir willkommene Becher aus den Fässern, in denen sie die alten Weine bewahrt, des hochbejahrten Bacchus Gaben. Jünglinge mögen ihnen fernbleiben! Euch, ihr Alten, sind sie geweiht.)

Daß der Wein aber auch eine strenge Lebensanschauung mildern kann, beweist ein hübsches Distichon, das die Verwandtschaft zwischen Rose und Wein nicht ohne Geist zu ergründen weiß:

>   Cur Rosa, flos Veneris, Bacchi depingitur antro?
>   Causa, quod absque mero frigeat ipsa Venus.

(Was soll die Blume der Venus in Bacchus' Höhle, die Rose? Wisse, daß ohne den Wein Venus selber erfriert.)

Sein Verfasser war ein ernster Pietist, der Prediger an Unser Lieben Frauen, Theodor de Hase, der am 5. Oktober 1725 diese Verse einem Billet an seinen jüngeren Freund Hermann Post anvertraute, der bald Bremens erster Archivar werden sollte. Ihnen ist die Ehre widerfahren, dem Deckengemälde als Umschrift zu dienen. 83 gelehrte theologische Dissertationen hat er geschrieben, aber keine hat ein so langes Leben gehabt wie dieser Zweizeiler.

Auch Post aber wußte die Rose zu preisen, sogar mit deutschen Reimen:

Rosekeller.

„Was Magen, Leib und Herz, Saft, Kraft und Geist kann geben,
Betrübte trösten mag, Halbtote kann beleben,
Theilt diese Rose mit. Sie hat von hundert Jahren
Den Preis, ein edles Öl mit Sorgfalt zu bewahren."

In schwerer Gelehrsamkeit endlich trat ein vierter auf, der Ratmann Dr. Diedrich Meier, und feierte die Rose in schwieriger Beweisführung als Sinnbild der Verschwiegenheit:

Est Rosa flos Veneris, cujus quo facta laterent Harpocrati haec
matris dona dicavit Amor.
Inde Rosam Bacchi depictam cernis in antro libera quae sub ea
dicta tacenda scias.

(Es ist die Rose der Venus Blume. Ihre Spiele sollen verborgen bleiben, darum hat Amor diese mütterlichen Gaben dem Harpocrates [dem Gotte der Verschwiegenheit] gewidmet; so erblickst du die Rose in der Höhle des Bacchus und sollst wissen, daß das unter ihr gesprochene freie Wort verschwiegen bleiben muß.)

So mag denn hier auch manches vertrauliche Wort „sub rosa" gesprochen sein.

Über der Rose blieb zu allen Zeiten der Schleier des Geheimnisses. Ihre Gaben wurden sorgsam vor den Blicken Unbefugter behütet. Die Weinherren persönlich hatten zu ihr den Schlüssel, und das Auffüllen der Fässer konnte nur in ihrem Beisein vorgenommen werden. Es bedurfte seit 1871 eines Erlaubnisscheins, um dort zu probieren, und 1807 hatte man die Besichtigung sogar an die persönliche Begleitung eines Ratmannes geknüpft.

Als der Schosaal 1874 vergrößert wurde, verlegte man die Rose weiter nach rückwärts.

Kaum eine geringere Berühmtheit als jene genießt der Apostelkeller, der mit anderen Erweiterungen des Ratskellers und im Zusammenhange mit Umbauten an der Nordseite des Rathauses um 1550 entstanden ist. Seine 12 Fässer (um 1830 waren es merkwürdigerweise sogar 13) bergen gleichfalls Weine von sehr hohem Alter, Rüdesheimer von 1666, 1748, 1784, Hochheimer von 1726 und Johannisberger von 1783.

Hier war es, wo Heine „vor Andacht weinte" und sich ihm „erschlossen die Pforten des Heils,
> wo die zwölf Apostel, die heil'gen Stückfässer,
> Schweigend pred'gen, und doch so verständlich
> für alle Völker.

Das sind Männer!
Unscheinbar von außen, in hölzernen Röcklein,
sind sie von innen schöner und leuchtender
denn all die stolzen Leviten des Tempels
und des Herodes Trabanten und Höflinge,
die goldgeschmückten, die purpurgekleideten —"

Auch dieser Raum ist kahl, nur eine Terrakottabüste des Vaters Rhein, modelliert im 19. Jahrhundert von dem Bildhauer Günther, dient ihm als Zierde. Wie über vielen anderen Einrichtungen vergangener Zeiten, liegt leider auch über ihm ein tiefes Dunkel. Wir wissen nicht, wie man auf diese Bezeichnung gekommen ist und wann man zuerst ihm diesen Namen gegeben hat. Anfangs scheint er „die kleine Rose" genannt zu sein, und von seinen Weinen wurde oftmals dem Judas der erste Preis zuerkannt.

Seiner westlichen Erweiterung, dem Zapfkeller, leuchtete ein günstigerer Stern, denn er wurde 1874 in das Bacchuszimmer verwandelt, das mit erlesenem Geschmack hergerichtet und vor allem durch zwei große farbenfrohe Gemälde Arthur Fitgers verschönt worden ist, den Triumph des Bacchus und das Doppelpaar der Weindichter, die miteinander Brüderschaft trinken, Anakreon und Claudius, Scheffel und Horaz.

Den letzten Raum an dieser Seite ließ sich der Rat als sein eigen Gemach einrichten, das bald den Namen „Priölken" erhielt. 1547 wird es zuerst erwähnt. Es bekam 1713 einen Kamin und 1876 einen prachtvollen grünen Rokokoofen in Majolikakacheln, den aus seinem Hause in der Langenstraße der Kaufmann Wilh. Schröder dem Keller verehrte. Auch hier hat Fitger den Pinsel walten lassen, und die „Weinspendende Brema" mit ihrem Gefolge gibt dem an sich einfacher gehaltenen Raum eine Angleichung an das anstoßende Zimmer.

Die wenigsten werden die Herkunft des Namens Priölken kennen, der mit dem Wiener Prater und dem Prado in Madrid verwandt und wie so viele andere Einflüsse aus den Niederlanden zu uns gewandert ist. Mit dem lateinischen pratum, dem französischen pré zusammenzustellen, hat er sich aus der „Wiese" bei den flämischen Dichtern in ein umhegtes Gärtchen verwandelt, um dann bei uns im rauheren, ernsteren Norden, den Begriff der traulichen Abgeschlossenheit festhaltend, aus dem freien in den bedeckten Raum überzugehen.

Sicherlich hat der Rat in seinem „Priölken" manche ernste Verhandlung, manches heitere Gespräch gepflogen, fremde geehrte Gäste bewirtet und in derberen Zeiten auch wohl manche von ihnen unter den Tisch getrunken. Rühmen doch im 17. Jahrhundert auch bremische Ratmänner, die an fremde Höfe geschickt wurden, daß sie wohl aufgenommen und „mit guten Räuschen" entlassen wurden. Dann wob auch hier die Sage ihr anmutiges Gespinst und berichtete von standhaftem Wetttrinken in diplomatischen Affären und von dem Teufel, der sein Spiel dabei trieb. Aus dem Born, der ihm hier floß, hat auch Hauff geschöpft, als er die düster-groteske Gestalt des Kellermeisters Balthasar Ohnegrund schuf.

Indessen ist der seltsame Name an diesem Raume nicht haften geblieben, sondern hinübergewandert in die gemütlichen kleinen Nischen, die bald nach 1600 von einem holländischen Baumeister an der Südseite eingerichtet und zunächst Logamenter genannt wurden. Ursprünglich vier, neuerdings sechs an der Zahl, waren sie ehedem jeder auch mit einem kleinen Ofen ausgerüstet, so recht behaglich zu Rede und Gegenrede im kleinen vertrauten Kreise. Auch sie waren einstmals bemalt, dann aber weiß übertüncht worden. Die Maler Alb. Ritterhoff und K. G. Rohde haben sie 1904 künstlerisch ausgeschmückt. Wie ein Gobelinteppich gewirkt, spricht da zu den Zechern die Stadt Bergen als Zielpunkt ehemaliger bremischer Seefahrt, das Paulskloster bei Bremen mit seinem Weinberg, oder ein alter Schiffer im breiten Südwester oder endlich S. Urban, der die Reben behütet. Wer noch realistischere Kost will, der weide seine Blicke an den drei Klatschbasen, denen ein sittsam Frauenbild in altdeutscher Tracht gegenübergestellt ist.

Wie an den drei anderen Seiten, so ist die Halle endlich auch im Westen erweitert, und dieser bedeutende Ausbau hat eine besondere Geschichte. Ein kleiner Ansatz dazu mag schon 1514, wo von derartigem die Rede ist, vorhanden gewesen sein, vielleicht ein Bierkeller, wozu später auch „des Boten Keller", ein mittelalterliches Gefängnis, benutzt sein wird. Um 1620 wurde er dann erweitert zu bedeutendem Umfang. Aber die dort lagernden Weine hatten von der Feuchtigkeit zu leiden, die von der Oberwelt in diese Tiefen hinabdrang. Auf dem freien Platze darüber, wo früher die Schuhbuden standen, pflegten sich die Kaufleute zu versammeln, die den dringenden Wunsch hatten, ihre „Börse" in einem gegen die Witterung Schutz bietenden Hause abzuhalten. Daher wurde nach sehr langatmigen Verhandlungen, die sich über dreißig Jahre hinzogen, beschlossen, hier die (alte) Börse zu erbauen, was 1686 und in den folgenden Jahren geschah. Da der Keller nun für seine Weine den besten Gewinn davon hatte, mußte er auch die hohen Kosten tragen, dieser Teil desselben aber wurde Börsenkeller genannt. Schon bald nach seiner Erweiterung muß ein mächtiges Schmuck-

Stirnseite des Bachusfasses.

faß darin aufgestellt sein, auf dem eine derbe Bacchusfigur Platz
nahm, von echt barocken Formen. Die Zeit liebte solche antike
Reminiszenzen, darum gab man ihm auch auf beiden Seiten
einen Satyr bei. Die Stirnseite des Fasses wurde später mit
köstlichen, farbigen Schnitzereien versehen; die Masken der
Zecher in ihren verschiedenen Stadien sind ein Ruhm für das
alte bremische Tischlerhandwerk, und den beiden Weinherren
von 1657, die sie in Auftrag gaben, zu einer Zeit, wo man im
Rathause mit Sorgen die täglichen Anmaßungen der nach der
Stadt greifenden Schweden beobachtete, den Herren Liborius
von Line dem Älteren und Georg Cöper, macht solch unverzagter
Humor noch mehr Ehre. Ihre Wappen künden uns noch heute
ihren Ruhm.

Rechts und links wurde das Faß von zwei nicht minder
mächtigen Kameraden flankiert. Von dem einen ging die Mär,
daß es 1812 von den Franzosen ausgetrunken sei. Beide sind
jetzt verschwunden, und auch dem alten Bacchusfaß ist man bei
der letzten Erneuerung so zu Leibe gegangen, daß man jetzt fast
nur noch den Boden sieht. Nach hinten scheint es sich ganz ver-
flüchtigt zu haben. War es der Geist des Weines, der verflog
und das Faß allmählich mit sich nahm, in das Nichts sich ver-
stäubend? Aber wenigstens der Weingott selbst — auch er war
schon vermorscht — ist vor ein paar Jahren von B. Kopytko
erneuert, und an ihm mag sich das Auge immer noch weiden.

Auch die Bergenfahrer hatten hier ein Zimmer, das also von
dem Zapfkeller, wenn es je dort gewesen, später hierher verlegt
sein muß. Es waren nach der Sitte unserer Altvorderen man-
cherlei Raritäten darin, und gegenüber befand sich ein kleiner
Feuerherd mit eisernen Gräten, auf dem sie ihre Biersuppe und
ihre Gewürzweine kochten. Das alles ist 1830, zu einer Zeit,
wo man mit den ehrwürdigen Zeugen der Vergangenheit gründlich Kehraus machte, rücksichtslos weggebrochen. Im Übrigen lag

der Keller ziemlich verödet da, denn die Weine sollten ihre Ruhe haben, und dem Publikum war er daher nur im Freimarkt und bei anderen besonderen Gelegenheiten geöffnet. Er war gelegentlich, wie schon gesagt, als Packkeller vermietet, und 1888 wurde er, als die alte Börse abgebrannt war und zum Abbruch kam, ein gut Stück tiefer gelegt, um den Straßengrund darüber zu verebnen. So wäre nicht eben viel von seiner Geschichte zu vermelden, wenn nicht die Deputation 1925 den glücklichen Entschluß gefaßt hätte, ihn völlig zu erneuern und dem dauernden Verkehr freizugeben. Die Arbeit ist über die Maßen gut gelungen; der Architekt Rud. Jacobs und der Maler Karl Dannemann haben die schwierige Aufgabe gelöst, eine vornehme Behaglichkeit zu schaffen, ohne den Geist der niederdeutschen Derbheit daraus zu verbannen. In den kleinen rückwärtigen Ausbauten und Nischen zeigt sich, was Handwerk und Kunst Bremens vermögen.

Die ursprünglich sehr schmale Verbindung zwischen dem Börsenkeller, der allmählich Bacchuskeller genannt wurde, und der großen Halle wurde 1874 bedeutend erweitert und den Wirtschaftszwecken zugewiesen.

Die große mittlere Halle hat am meisten von ihrem ursprünglichen Charakter bewahrt, und wenn man der weiterschreitenden Zeit nicht verwehren kann, auch einem historischen Gebilde wie dem Ratskeller an manchen Stellen den Stempel i h r e s Geschmackes aufzudrücken, so wird, wer den Geist der vergangenen Jahrhunderte auf sich wirken lassen will, vorzugsweise in der Halle seinen Platz wählen. Auch sie hat tiefere Einschnitte und lauschige Winkel, in denen zu einer gewissen Absonderung, die nun einmal mit der Vorstellung des Behagens untrennbar verknüpft erscheint, die Möglichkeit geboten wird, und kunstvolle Beleuchtungskörper erhöhen ihren Reiz. Aber den stärksten Eindruck machen doch vier mächtige Fässer. Sie geben die Vor-

Blick in den Bachuskeller.

stellung der uns umfangenden Fülle, der auch wir, wenn wir in froher Stunde dem Weingotte huldigen, uns einfügen möchten, ob auch nur ein klein Teilchen des edlen Stoffes uns zu eigen werden kann. Schon 1681 waren zwei große Fässer von Meister Andres Müller aus Hamburg, der mit seinen Gesellen während der Zusammenfügung im „Kaiser" wohnte, gebaut worden. Auch die Stirnseiten der oben genannten sind reich verziert mit Schnitzereien, Masken, Bildern rheinischer Landschaften. An zweien von ihnen nennen die Wappen uns die Weinherren, zu deren Zeit sie entstanden, wenn sie nicht selbst sie gestiftet haben. Ein solches Faß stellten 1723 Bürgermeister Werner Köhne und Liborius von Line hier auf, während das größte von allen, das 36000 Flaschen fassen kann, unter der Weinherrschaft von Bürgermeister Johs. Holler und Detharbt Düsing 1737 daneben seinen Platz gefunden hat. Das künstlerisch bedeutendste ist das Katzenfaß in dem Verbindungsteil zwischen der Halle und dem Bacchuskeller, 1749 von den Bürgermeistern Diedrich Meier und Daniel von Büren in Auftrag gegeben. Die Schnitzereien sind aus der Tiefe des Holzes herausgemeißelt, und die beiden Katzen oder „Kater" verewigen die seit alters im Keller heimischen Tiere in des Wortes zwiespältiger Bedeutung. Das Gegenstück zu diesem, ein „Hunde"faß, ist leider seit geraumer Zeit in den Lagerkeller verbannt. Vor 60 Jahren galt es als das handwerklich tüchtigste Stück von allen, vom härtesten Eichenholz, von dem besten „Bänderer" am Rhein gemacht. Es zeigt das Bild eines treuen Hundes mit der Umschrift: „Meister Kratz. Ich hüte den Wein. 1780."

Vor den großen Fässern der Halle, die heute nicht mehr gefüllt sind, standen einstmals noch kleinere Vorposten, die auf älteren Prospekten des Kellers aus der Mitte des vorigen Jahrhunderts noch zu sehen sind und erst 1871, um mehr Platz zu gewinnen, entfernt sind.

Leben und Verkehr im Keller.

Wor men in felschupp (Gesellschaft) wel vrolick syn,
Dar moth me drincken gud beer offte (oder) wyn.
We kan sick also den sparen (denn in acht nehmen)
Unde sick vor vordrunkenheyt bewaren?
Hyr umme schal nemant des morghens reken,
Wat vulle lude des avendes don offte spreken,
We vulle wort des morghens wil vortellen,
De blive to husz unde ga nicht mangk gude gesellen.

Aus einer alten Weinregel, ca. 1470.

An unserm geistigen Auge ziehen die Jahrhunderte vorüber, Geschlecht reiht sich an Geschlecht. Vom dröhnenden Lachen der Zecher, die breit gedehnt die Bänke einnehmen, zum frohen Scherzwort und feinem Witze, vom Gekreisch bis zum Gekicher, vom geistvollen Trinkspruch bis zum tiefsinnigen Schweigen, mit dem ein Einsamer hinter dem Glase verharrt, in das heimlich wohl eine Träne fiel — hier war und ist jede Lebensregung ver=
treten. Der Wein, der die Hemmungen benimmt, öffnet den Ge=
fühlen und Gedanken freie Bahn, es lösen sich die Zungen zu klugem oder keckem Wort, und selbst zu unbedachter Tat ist manch einer hier hingerissen worden. Deshalb lag auch ein besonderer Friede über dem Keller, und wer ihn brach, verfiel strenger Ahndung. Zu keiner Zeit war den Frauen sein Besuch ver=
wehrt, selbst schon im alten Weinkeller nicht, der vor dem heutigen an anderer Stelle vorhanden war. Dort drang 1342 Marquard der Grapengießer ein, riß einer Frau, die ihm Geld schuldete, den Hoiken (Mantel mit Kapuze) ab und steckte ihn unter die Bank. Das strafte der Rat mit zwei Mark.

Am tüchtigsten sprach wohl ein ehrbarer Rat selber seinem

Keller zu, falls er es nicht vorzog, den guten Stoff mit Zubehör sich auf das „Haus" oder in die Wohnung bringen zu lassen.

Zahlreich waren die Gelegenheiten, wo die „Herren" im Priölken oder auf dem Rathause miteinander Abrechnung halten mußten. Wie hätte das ohne ein ordentliches Essen und Trinken abgehen können! Eine Verordnung von 1632 schränkt das ein: Wenn die Rechnung der Wein- und Apothekerherren am Nachmittag abgelegt wurde, sollte den Betreffenden nur je eine Tüte Zucker, eine Tüte Mandeln, eine Tüte Rosinen und ein Zettel von zwei Stübchen Wein, also jedem acht Flaschen, bewilligt werden! Und das war mitten im Dreißigjährigen Kriege!

Aus der Zeit von 1545—48 hat uns der Kellerpächter Martin Hemeling einige Notizen über den gehabten Verbrauch hinterlassen. Da war ein Quantum unbezahlt geblieben, das ein Ratmann „mit einem fremden Mann" vertrunken. 1547 tat sich Cord Penning, „der Hamburger Rittmeister", im Keller gütlich; nach seinen tapferen Taten in der Schlacht bei Drakenburg war ihm solche Labung wohl zu gönnen. Vielleicht leistete ihm sein Kampfgenoß, Graf Christoph von Oldenburg, dabei Gesellschaft; er war ja der eigentliche Führer der verbündeten Heere gewesen und steht auch auf Hemelings Verlustliste. Oft vertranken „de Reders" (die die Finanzverwaltung der Stadt besorgten) den Wein. Dann saßen sie fest und wohlgemut an ihren Tischen und gingen sobald nicht heim.

Einmal hinterließ Cord Wachmann allerhand Zechschulden, als er gekneipt hatte mit „Ladewig, de it myt dem Koppe hyr to donde hadde". War der arme Ladewig nicht ganz richtig im Kopfe oder bekam er es erst damit zu tun, als ihm „gut Bier und Wein" reichlich aufgetragen war? Wir wissen es nicht.

Und einmal endlich notiert Hemeling fünf Schock Negenogen (Neunaugen), die vergessen waren zu bezahlen, „als Berent Zuckerbeckers Rechenschaft wol ausweisen wird und meines Herrn von Mansfeld sein Zettel auch".

Umständlich und ungenau erscheinen uns heute solche Rechnungen. Den damaligen Menschen genügten sie, denn sie waren glückliche Naturkinder, über die das „tintenkleckfende Säkulum" noch nicht hereingebrochen war. Frisch genossen sie den Tag und fragten nicht ängstlich nach den Folgen — auch nicht, ob sie zahlen konnten, was sie verzehrt und endlich auch nicht, w e n n sie zahlten, ob Leistung und Gegenleistung miteinander im Einklang stand.

Als Cord Eckhof gestorben war, fand sich in der großen Kiste, die im Keller stand, eine Handfeste (etwa eine Hypothek), die ihm gehörte. Er hatte sie als Pfand gegeben für 17 Taler, 19 Groten, die er dem Keller noch schuldete.

Berend Scharhar besaß einen Ring von drei Strengen (Allianzring), der war ihm lieb und wert, aber doch nicht so sehr, daß er ihn nicht als Pfand gegeben hätte, als der Durst ihn zu sehr plagte. So lag auch er in der großen Kiste, als anno 1599 die Weinherren Henrich Kreffting und Johann Klamp einmal eine gründliche Revision vornahmen. Daniel Howide hatte gar fünf goldene Ringe deponiert und ein anderer einen Türkis, der 3 Th. 17 Gr. wert war. Auch barg die große Kiste ein „Ringesche Hand in Hand", und einer, der allerdings gut tat, ungenannt zu bleiben, hatte seinen „Ehetractenring" mit einem kleinen Stein hinterlassen.

Gern kamen die Stiftsritter herein in die Stadt, wenn sie sich einen guten Tag machen wollten und gingen am Ratskeller nicht vorbei. Unter ihnen waren die reisigen Junker aus dem Hause derer von der Lith nicht die schlechtesten. Von ihren jahrelangen Leistungen zeugte eine Verschreibung auf 300 Gold-

Die große Halle.

gulden vom Jahre 1544, die sie von einem anderen zu fordern hatten, mit acht angehängten Siegeln.

Eine Handfeste auf eine Bude vor dem Abbentor schien den Kistenforschern aber doch zu winzig, darum verehrten sie sie großmütig der lateinischen Schule. Schließlich enthielt oftgenannte, jetzt mit so sichtbarem Erfolge durchstöberte Kiste noch zwei Beutel, einen kleinen und einen großen. In dem ersten fanden sich 5 Taler, 6 Grote, 2 (leider!) falsche Dicktaler und 5 (leider) falsche Kopstücke, d. h. 8 Grotenstücke. Letzterer enthielt 232 Taler, 47½ Groten, jeden Taler zu 49 Groten, gerechnet, hierunter 2 „kleine" Reichstaler.

Neben all diesem hatte der Kellerhauptmann Daniel von der Horst auch noch allerhand Pfänder in eigener Verwahrung gehabt, die nun ans Tageslicht kamen und immer für eine gewisse Zechschuld versetzt waren. Es waren 2 goldene Ringe, die für 7 Taler gegeben waren, und nochmals für 49 Groten, für 5 „Ordt"taler (Ordt-Viertel) und abermals für 3 Taler Verzehr. Ein Frauenring war ebenfalls dabei und 1 elfenbeinern Pitzier (Petschaft) mit Silberbeschlag, Henrich Poleman gehörig, für 2 Taler, 10½ Groten und 1½ Stübchen Wein. Reineke Cusfeld hatte einen kleinen Ring für 1 Goldgulden vertrunken. Von der Horst gab auch einen „Goldendraht von Ringe" ab, von unbekanntem Besitzer, sowie eine Handschrift (Schuldverschreibung) von Hercules von Ewesum auf 194 Taler 13 Groten, von 1570. Dafür waren wiederum verpfändet: 20 Ringe, u. a.:

1 Diamant „Pfund", taxiert 15 Th. } bezeichnet die Art
1 Diamant „Tafel", taxiert 9 Th. } des Schliffes
1 Rubin, taxiert 5½ Th.
1 Rubin, taxiert 3 Th.
1 Hyacinth
1 Pense (?)

1 klein Pense
1 Granat
noch 1 Granat
1 Torckos (Türkis)
1 kleiner Torckos
3 kam huden (= Kameen)
1 Diamant Punktken
1 Rubin
1 Ring mit einer Perle
1 „Hand in Hand" und
noch einmal 1 Granat.
Dazu eine Handschrift von Alexander Bicker auf 155 Mk.,
8 Gr., 1 Schwaren, darauf der Ratmann Henrich Schulte
90 Bremer Th. empfangen.
Noch von „Daniel" empfangen:
740 Rth., darunter 3 Straßburger Klipping (viereckige
Münze) und 7 kleine Th.
124½ Th. von je 60 Kreuzern
15½ Th. zu je 50 Gr.
1 Th. zu 44 Gr.
2 Th. zu 43 Gr.
2 Th. zu 38 Gr.
1 Th. zu 36 Gr.
3 bergische Th.
An allerhand Geld von kleiner Münze:
42 Th. 17 Gr.
1 Rosenobel = 3 Th., 43 Gr.
1 Nymwegischer Dukaten zu 3 Th.
1 ungarischer Gulden = 1 Th. 36½ Gr.
1 kölnischer Gulden = 1 Th. 33½ Gr.
2 halbe Milresen = 3 Th. 21 Gr.
1 Postalitt (Postulatengulden) = 70 Gr.

6 Goldgulden = 7½ Th.
1 Statenkrone = 54 Gr.
Zum Schluß lieferte Daniel aus:
296 3-Ordt-Reichstaler
26 60-Kreuzerstücke
in kleinem Gelde:
77 Th. 15 Gr.
noch: 185 Rth.
in allerlei Gelde:
53 Th. 19½ Gr.
Nochmals in allerlei Gelder: 206 Th. 16 Gr., 3½ Sw., der Taler zu 49 Gr.

Die Summe alles baren Geldes belief sich damit auf 2474 Th. 26 Gr. 1 Sw.

Überdies hatte Daniel in seinem Schuldenregister stehen an guten und quaden (bösen) Schulden 784 Br. Th. 5 Gr. 3½ Sw.

Eine Inventur sonstiger Wertgegenstände ergab für diesmal u. a.:

2 silberne Schalen, in der Mitte und am Rande vergoldet, je 29 Lot schwer
3 schlichte silberne Schalen mit dem Stadtwappen, am Rande etwas vergoldet
1 kleines silbernes zerbrochenes Probeschälchen
3 silberne Löffel mit dem Stadtwappen
3 silberne Tehne (= Tainstangen), die von allerhand schlechtem Gelde zusammengeschmolzen sind.
1 silberner Hewer (= Heber)
1 silberne Pumpe (= Stößer); beides sind Trinkgefäße.

Möge einen kräftigen Schluck Rheinwein zu sich nehmen, wer sich durch diese lange Liste, die noch nicht einmal alles aufzählt, hindurchgearbeitet hat! Und doch ist der Einblick vielleicht nicht ohne Wert, den wir damit in eine weit zurückliegende Zeit tun können. Es ist ein kleines Stück Kulturleben, und dieser Austausch zwischen Ware und Geld, beide von unsicherer Wertung, gemahnt uns an urtümliche Verhältnisse. Die Gleichung zwischen den verschiedenen Münzsorten, die von seebefahrenen Männern herbeigetragen wurden, scheint uns so schwierig, daß sie einem modernen Bankmann Kopfschmerzen bereiten könnte.

Wenn alles zecht, kann ein Bürgermeister nicht dürsten. So lernen wir den wuchtig einherschreitenden Bürgermeister Havemann kennen, das Kind eines Zeitalters der Völlerei, mit seinem vierschrötig mächtigen Körper wenig mehr dem eleganten Reiter gleichend, der auf dem Schimmel seines Wappenbildes einhersprengt. Wir erfreuen uns seiner stattlichen Abrechnung aus den Jahren 1628—1635, die sorgsam aufführt, was auf seinen Kerbstöcken sich befand — was er überdies holen ließ — was ihm wegen seines Ehrenstandes gebührte und was ihm obendrein verehrt wurde.

Ein gut Quantum vertilgte er an Paderborner Bier, und viel Wein ließ er sich noch in „Römern" bringen. Endlich hatte er noch ein Konto für das, was er sich an Essig holen ließ. Ein mehreres füllte man ihm überdies noch in Flaschen sowie in zwei „Flaschenfutter". Ende 1635 hatte er auf seinen zwei Kerbstöcken 565 Kerff, und jeder Kerff galt eine Quart Wein zu 12 Groten.

Einen Konkurrenten Havemanns begrüßen wir in seinem etwas jüngeren Kollegen, Bürgermeister Hermann Wachmann, auf dessen Stock sich 1634 laut Rechnungsbuch 594 Kerffe fanden, jeder zu 12 Groten, machen zusammen 99 Taler.

Indessen wenn man auch heftig trank, so tat man es doch wenigstens mit Würde. Noch um 1750 berichtet der hamburgische Syndikus Klefeker, der sich in politischen Geschäften hier aufhielt, daß sich die vier Bürgermeister fast jeden Tag im Ratskeller sähen, aber stets in Mantel und Bäffchen, ganz in Schwarz, ihrer „Ordenstracht". Mit Mühe habe er einen der Ratsherren beredet, doch wenigstens beim Tobackrauchen diese Kleidung abzulegen.

Das Bezahlen — wir sahen es an den Restanten und anderen Rechnungen — machte ihnen dabei die geringste Sorge. Für die höheren Schichten gehörte es eher zum guten Ton, nicht zu bezahlen. Dafür waren die Kerbstöcke und Holzettel da. Die ersteren waren eine eigentümliche Einrichtung, die bis zur französischen Zeit sich erhalten hat. Jeder Ratsherr und bessere Bürger hatte seinen Stock oder mehrere davon, wenn einer, wie bei Herrn Havemann, nicht ausreichte. Darauf wurden die Flaschen und Stübchen sorgsam eingeschnitten und der Stock hin und wieder seinem Besitzer präsentiert, freilich aber auch dann nicht immer beglichen. Wer keinen Kerbstock hat, soll keinen Kredit haben. „D i e Thesis steht fest", heißt es im Jahre 1713, „kein Stock, kein Wein!" Aber auch hier hatte das Gesetz ein Loch, denn, fügte man begütigend hinzu, guten Bekannten darf der Hauptmann ihn dennoch auf Kredit verabfolgen, wenigstens für 2—3 Tage.

Zum Wein soll man Käse geben, der zum Trunke anreizt, heißt es schon in einer alten Verordnung, und desgleichen Kringel und Pfefferkuchen. Bald wurde die Speisekarte des Kellers größer. Austern, Lachs und Räucherfisch, Neunaugen, Rigischer Butt, geräucherte Mettwurst, Ochsenzungen und Kastanien stellten sich ein. Edamer Käse wird auch schon 1670 erwähnt.

Von all diesem sind die Austern ganz besonders im Keller heimisch geworden, und im 19. Jahrhundert, ja bis zum Kriege, wurde hierin ein bedeutendes Geschäft innerhalb und außerhalb des Hauses gemacht. Auch kam gegen Ende des 17. Jahrhunderts das „Tabaktrinken" im Keller auf. Dagegen ist das Spiel fast stets verboten gewesen, sowohl das Kartenspiel wie das Würfeln. Nur gelegentlich war ersteres einmal für kurze Zeit gestattet, so 1683.

Man hatte schon Servietten, allerdings von Löschpapier, die noch bis etwa 1825 gebraucht wurden.

Schon bald nach Einrichtung des neuen Kellers konnten bevorzugte Gäste sich schönen Geschirrs erfreuen. Ein Inventar von 1420 zählt es auf: 2 silberne Schalen, 16, wohl zinnerne, Viertelbecher, ein zinnerner Kübel, der 7 Pfund wog und ein Tafellaken. Noch scheinen Gläser nicht verwendet zu sein, solche, und zwar Römer, nennt uns ein Verzeichnis von 1634 zuerst.

1682 war des Silberzeugs schon eine stattliche Menge: zwei große silberne Schalen, eine Konfektschale, drei kleine Branntweinschalen, sechs silberne Löffel und zwei Krüge mit silbernen Deckeln.

Inmitten dieser feuchten und trocknen Herrlichkeiten bewegte sich in guten Zeiten am Nachmittag und Abend eine fröhliche Menge, in der auch fernerhin die Frauen keineswegs fehlten. „Die schönen Bremer Kinder tranken Rheinwein oder von dem Nachbar Moseler und waren weit berühmt durch ihre blühenden Wangen, ihre purpurroten Lippen und ihre herrlichen blitzenden Augen."

Das bar eingehende Geld wird in die Lade geworfen; später, als man drei verschiedene Sorten Wein ausschenkte, gab es dafür auch drei Laden. Alle acht Tage erschienen die Weinherren, um es herauszunehmen und zu zählen. Um 10 Uhr schloß der Keller seine Pforten. Auch jetzt aber ließ er wieder mit sich handeln. Wenn vornehme Gesellschaft drinnen ist, heißt es, mag er auch wohl bis 11 oder 12 Uhr geöffnet bleiben. Wer nach 10 Uhr noch Wein begehrte, mochte an die taberna vinaria, das alte Weinhaus gehen und klopfen. Dann öffnete sich in der Haustür ein Schiebefenster, und das Gewünschte wurde herausgereicht. Das kann nur bis zum Verkauf des Weinhauses 1683 gedauert haben. Bis 1740 war die Tür mit dem Schiebefenster noch zu sehen. Dann wurde sie weggenommen und eine neue gemacht, und damit war Bremen wieder um ein Idyll ärmer.

Ein kundiger Fechter rauft nicht,
Ein Trinker, ein rechter, sauft nicht.
A. Fitger.

Mit einer Schilderung des Verhältnisses, das die einzelnen zum Ratskeller hatten, ist seine soziale Bedeutung noch nicht hinreichend dargelegt. Jahrhundertelang hat er unaufhörlich seine Einwirkung auf das Leben der Stadt, das Denken und Empfinden ihrer Bürger geübt. Bei dem Mangel an öffentlichen Gaststätten überhaupt konnte sich natürlich keine im Entferntesten mit ihm vergleichen, auch der Schütting nicht, und eine solche ohne berufsständische Abgeschlossenheit und dabei doch von Ansehen und Stattlichkeit gab es überhaupt sonst nicht. Die Diakonen von Unser Lieben Frauen, die im Dreißigjährigen Kriege mit Glaubensflüchtlingen und Durchreisenden viel Not und Sorge hatten, stellten um 1630 im Weinkeller ihre Armenbüchse auf und fanden sie stets besonders reichlich gefüllt. Denn der Fröhliche ist auch bereit, für andere zu geben.

Genossenschaften aller Art, so weit abliegend ihre Zwecke von denen des Kellers sein mochten, suchten doch mit Erfolg zu ihm eine Beziehung. Seit ältesten Zeiten hatte ja der Wein, wie man ihn im Gotteshause gebrauchte, eine weihende Eigenschaft. Als 1761 im Siebenjährigen Kriege englische Truppen in Bremen lagen und das Armenhaus zum Lazarett verlangten, versammelten sich die Diakonieältesten der Kirchen im Weinkeller zur Beratung.

Wer beim Weine sitzt, wird erleuchtet werden, aber er wird auch friedfertig werden, war die Meinung. Darum findet sich schon im Mittelalter eine sehr merkwürdige Bestimmung. Als Hinrich Wigger 1440 eine „Gadesgifte" oder Armenspende stiftete, traf er auch eine Einrichtung wegen der Ersatzwahl für einen der drei ausgeschiedenen Verwalter. Die Wahl wird von den beiden anderen in Gegenwart des Pfarrers von Liebfrauen und der Mauerherren vorgenommen. Können sie sich nicht einigen, so sollen sie in den Weinkeller gehen und **auf ihre eigenen Kosten** dort weiter beraten. Nicht eher dürfen sie ihn verlassen, als bis sie sich verständigt haben, und gelingt ihnen das nicht, so wird das Verfahren am nächsten Tage wiederholt, solange, bis der Erfolg eingetreten ist.

Genau so lautet 100 Jahre später, 1546, eine Bestimmung bei einer Doppelstiftung des Segebade Fribag und der Witwe des Reyner Preen. Auch hier übt der Keller einen heilsamen Zwang auf die streitenden Herzen, ein mildes Gefängnis umfängt sie, und der Wein redet leise, eindringliche Worte der Eintracht und Liebe. Wie weise waren doch unsere Väter, wie lebensklug! Wäre ein solches Verfahren nicht vielleicht auch unserer parteizerklüfteten Zeit zu empfehlen, etwa bei der Wahl von Staatsoberhäuptern und Ministerien?

Worte der Liebe, sagten wir. Darum wurden von alters her auch die Verlöbnisse beim Glase funkelnden Weines im Keller bekräftigt, unangesehen, daß je und je dort auch gar mancher zarte Roman, vielleicht im Priölken oder in der Flüsterecke seinen Anfang genommen, wo denn der Wein sowohl die Einleitung zu dem Werke gegeben als auch das Siegel darunter gesetzt hätte.

Wie die Bergenfahrer und Lohgerber ihren festen Platz im Keller hatten, so werden sie auch ihre Jahresfeste in ihm gefeiert haben, und es mag ein Zufall sein, wenn über solche Veranstaltungen mit Fackeln und Musik nach Art des Lübecker Ratskellers in unseren Akten nichts enthalten ist. Sind uns doch auch sonst viele Nachrichten, die das Bild hätten vervollständigen können, bei der nachläſſigen Art der früheren Aufbewahrung ſolcher Überlieferungen verlorengegangen. Ein Reſt dieſer Vereinigungen zum genoſſenſchaftlichen Trinken ſind die zahlreichen Stammtiſche, die ſeit alters im Keller ein blühendes Leben führen.

Er hatte aber auch eine Bedeutung nicht nur für mäßigen Lebensgenuß, ſondern bei der Abwicklung ernſter Geſchäfte. Daß nach dem Abſchluß eines Handels ein Weinkaufsgeld gezahlt wurde, iſt ein alter Brauch. Gern ſchloß man den Kauf von Häuſern und Grundſtücken dort ab, Gelddarlehen wurden noch um 1700 häufig beim Wein gegeben. Für die Kaufleute zumal, die in unmittelbarer Nähe ihre Verſammlungen abhielten, ſei es unter freiem Himmel oder in ſtattlichen Gebäuden, war der Keller oft die Stätte, wo ſie ihre geſchäftlichen Unterhaltungen fortſetzten.

In neueren Tagen fehlte es nicht an unvorbereiteten Zuſammenkünften größeren Ausmaßes. Als der Senat 1841 eine Aushebung für das hanſeatiſche Bataillon beſchloſſen hatte und die Bürger ihre Söhne auf dem Rathauſe in die Liſte eintragen laſſen mußten, gingen ſie nachher in den Keller, wo heftige Reden gehalten wurden, ſo daß man Zuſammenrottungen befürchtete. Gerade in politiſch erregten Zeiten war der Keller ein treues Barometer der Vorgänge und Stimmungen. So im Jahre 1848 und wieder — in harmloſeren Formen — beim deutſchen Bundesſchießen im Bremen 1865, wo gar manches Hoch auf die deutſche Einheit und Freiheit erklang. Wie war er noch vor nunmehr 15 Jahren erfüllt von froh geſtimmten Menſchen, als die Siegesnachrichten einander folgten und alle Welt zum Hoffen und Geben bereit war! Und 1870 wird es gewiß nicht anders geweſen ſein.

Sicher haben auch um 1720 oder 1770 manche hochgeſtellte oder berühmte Fremde dem Keller, der damals ſchon einen großen Namen hatte, ihren Besuch abgestattet, doch vor allem im 19. Jahrhundert, als das Reisen weit häufiger, leichter und bequemer geworden war, kamen sie in wachsender Menge.

An der Schwelle der neuen Zeit aber standen die beiden Dichter, die den Ruhm des Kellers in der ganzen gebildeten Welt gesungen haben: Heine und Hauff. Erst durch sie hat er seine einzigartige Stellung gewonnen. Beide besuchten Bremen seltsamerweise in demselben Jahre 1826, und zwar fast zu derselben Zeit. Heinrich Heine, von Norderney eintreffend, nahm am 18. September im „Lindenhof" Wohnung, Wilhelm Hauff war kaum drei Wochen vorher nebenan in „Stadt Frankfurt" abgestiegen. Heine, von dem Gegensatz zwischen der stürmischen Seefahrt und dem behaglichen Ratskeller ausgehend, widmete ihm das letzte seiner „Nordseebilder" und pries in seiner geistreich-witzigen Art die Apostel und ihren Hüter, den braven Ratskellermeister von Bremen. Hauff aber, der hier einen Herzensroman durchlebte, machte ihn und sich selbst durch seine „Phantasieen" unsterblich, deren hundertsten Geburtstag der Ratskeller vor zwei Jahren würdig, wie es sich gebührt, begangen hat. Es ist das künstlerisch reifste von den Werken des früh vollendeten Dichters und wirkt heute wie zur Zeit seiner Entstehung in gleicher unverminderter Frische. So hat sich zu Wein und Liebe auch die Poesie hinzugesellt und Schillers Dithyrambe ist wahr geworden:

„Kaum daß ich Bacchus den lustigen habe,
kommt auch schon Amor, der lächelnde Knabe,
Phoebus, der herrliche findet sich ein.
Sie nahen, sie kommen, die Himmlischen alle,
Mit Göttern erfüllt sich die irdische Halle."

Auch in den hundert Jahren, die seither vergangen sind, haben die deutschen Dichter nicht aufgehört, den deutschen Wein zu besingen, und für mehr als einen unter ihnen waren der rheinische Wein und der Ratskeller zu Bremen zwei zusammengehörige Begriffe. Hauffs Verse hatten dafür den Weg gewiesen:

„Von allen Schlössern dieser Zeit
Weiß ich ein Schloß zu Bremen.
In seinen Hallen groß und weit
Darf sich kein Kaiser schämen."

Und auch im engsten Wortsinne hatte der Dichter wahrgesprochen, denn am 15. Juni 1869 erlebte der Ratskeller seinen schönsten Tag, als zum ersten Male in seiner langen Geschichte ein Monarch, der ehrwürdige König Wilhelm I. von Preußen, die Treppe zu ihm hinabstieg, umgeben von seinen großen Helfern und Beratern, Bismarck und Moltke, mit denen es ihm beschieden war, im nächsten Jahre Deutschlands Einigung zu vollenden. Er betrat auch den Rosekeller, der damals noch nicht verlegt war und nahm ein Glas vom 1784er Rüdesheimer. 1874 kam Moltke noch einmal wieder mit seinem Generalstabe, und freute sich des köstlichen Stoffes, den man ihm darbot.

1890 erschien Kaiser Wilhelm II., als er den Grundstein zum Kaiser-Wilhelm-Denkmal gelegt hatte, und wiederholte den Besuch bei der Einweihung im Jahre 1893. Jenes Mal hatte er noch seinen großen Feldmarschall mitgebracht; er bot auch ihm den Pokal, aus dem er vom 1861er Schloß Johannisberger getrunken hatte und ritzte seinen Namenszug in den Kristall. Gar oft hat er noch nachmals den Keller, in dem er so gern weilte, zu kurzem Aufenthalt besucht.

Bismarck, der als junger Mann auf der Reise nach Norderney einmal im Keller gewesen war, hat ihn nach 1869 nicht wieder betreten. Aber er konnte sich doch an seinen schönsten Schätzen erfreuen, als ihm der Senat zu seinem 70. und 80. Geburtstage eine seinen Jahren gleiche Anzahl Flaschen edler Weine verehrte.

Und je höher Deutschlands Stern anstieg, desto größer wurden auch die Scharen derer, die von Nah und Fern den Keller besuchten. Es kam die Zeit der großen Kongresse, die Juristen- und Philologentage, 1875 der Journalistentag, und viele andere ihresgleichen, die oft die Gastfreundschaft des Senates genossen. 1885 erschienen unter Stephans Führung zahlreiche Mitglieder der in Berlin tagenden internationalen Telegraphenkonferenz, und so saßen Christen und Heiden und Mohammedaner einmütig beim deutschen Weine und freuten sich an Bacchus' wundervoller Gabe.

Zehn Jahre später, 1895, kehrten Mitglieder des deutschen Reichstages nach der Eröffnung des Kaiser-Wilhelm-Kanals und einer stürmischen Fahrt durch die Nordsee im Bremer Ratskeller ein. Der Senat bewirtete sie, und aufs neue bewährte das Rebenblut seine Kraft, die Gegensätze auszugleichen. Ihre Meinungsverschiedenheiten vergessend, fühlten die Parteien sich einig in dem höheren Empfinden schöner Menschlichkeit.

Wenn im Winter der Keller den Bremern gehört, so im Sommer den Fremden. Nicht leicht geht, wer die Nordsee besuchen will oder von ihr zurückkehrt, an ihm vorbei. Sei es auch nur für eine kurze Stunde, wird er doch kommen und ihn begrüßen. Gar traulich empfängt er die Deutschen, die aus der neuen Welt heimkehren ins Vaterland, und die Amerikaner, die Europa bereisen wollen, erhalten hier einen Begriff von der deutschen Gemütlichkeit. Auch wer deutschem Wesen ohne besondere Zuneigung gegenübersteht, ist dem Bremer Ratskeller freundlich gesinnt. Als der Verfasser dieses Büchleins vor 25 Jahren eine französische Schule besuchte, überraschte ihn der Professor dadurch, daß er plötzlich seinen Unterricht unterbrach und zu ihm sagte: Und nun erzählen Sie uns etwas von Ihrem célèbre cave!

Die Weinspenden.

Rheinwein her, doch nicht gemeine
Gläser zu dem Götterweine,
die auf schwachem Fuße wackeln;
nein, aus echten Bacchusfackeln
leuchte mir der Glutverströmer;
holet rheingrün-lichte Römer,
drin der Saft voll Sonnenfunkeln
wie geschmolzener Smaragd
lockend lacht;
Römer her, und nun getrunken!
       Wilh. Jordan.

Eine freundliche alte deutsche Sitte will, daß man den Fremden, der zu Gaste einkehrt, mit einer Gabe bewillkommne, und diese bestand ehemals oft in Wein. Schon bald nach 1500, wo sie aber schon lange in Geltung war, erwies man dem Kardinal Raimund, der als römischer Legat in Bremen erschien, eine solche Verehrung, indem man ihm eine Ohm Rheinwein, vier Stübchen Claret, ein Faß Eimbecker Bier, sechs Faß Bremer Bier, einen Stör und drei frische Lachse ins Haus sandte. So schickte der Rat auch dem Erzbischof Christoph bei der Huldigung 1512 unter anderen guten Dingen eine Ohm alten Wein und eine Ohm neuen Most. Oft auch ritt schon der Syndikus des Senats, mit gutem Rheinwein bewaffnet, dem Frembling bis an die Stadtgrenze entgegen, und wenn gar ein Gesandter des Kaisers kam, erhielt er stets vom besten Rosewein.

1645 und 1646 passierte eine polnische Gesandtschaft die Stadt, um aus Frankreich ihres Königs Braut abzuholen und wurde vom Rate hoch traktiert.

Nicht lange darauf bot sich die Gelegenheit, einer russischen Ambassade ähnliche Ehren zu erweisen, während Peter der Große 1716 zwar eine Nacht in Bremens Mauern weilte, aber den Keller nicht besuchte. 1666 wanderte viel schöner Wein nach Habenhausen hinaus, ins schwedische Hauptquartier, wo er den eben zwischen dem Feldmarschall Wrangel und der Stadt Bremen geschlossenen Frieden besiegeln sollte, und ein andermal wurde ein englischer Abgesandter im Ratskeller gefeiert. Auch der Friede von Ryswyk, der am Ende des 17. Jahrhunderts für kurze Zeit die europäische Einigkeit wiederherstellte, fand im Ratskeller ein Echo. Denn der an den Verhandlungen beteiligte dänische Minister von Plessen, dessen Gunst für Bremen wegen der dänischen Verwaltung in Oldenburg und des Elsflether Zolls sehr zu beachten war, fand Gefallen an dem trefflichen Trunk, den er im Keller zu sich genommen, und wünschte, auch seinem königlichen Herrn davon anzubieten. Der Senat ließ sich das nicht zweimal sagen und expedierte eine Sendung nach Kopenhagen, was den Minister zu einem höflichen Dankschreiben veranlaßte, in dem er den Wunsch äußerte, „der Stadt Bremen insgemein und jedem Membro Senatus besonders" wieder gefällig sein zu können.

Auch in die Ferne zog der Ratskellerwein hinaus. Seit dem Ende des 17. Jahrhunderts kam der Brauch auf, dem Kaiser jedes Jahr den ersten in der Weser gefangenen Lachs als Ehrengeschenk darzubringen, natürlich nicht ohne eine angemessene Spende alten Weines. Der zweite Lachs aber schwamm in derselben Weise zum König von England hin. Noch ein dritter unter den gekrönten Häuptern wurde in den Bann des Ratskellers gezogen, als der Senat den Beschluß faßte, dem König Friedrich von Preußen 1756, eben da er im Begriff stand, gegen die Österreicher ins Feld zu rücken, eine Weinspende zu verehren. Sie wurde gnädig aufgenommen und den freundlichen Gebern versichert, daß der König ihnen bei aller Gelegenheit marquen von seiner Huld und Gnade geben werde. Der König aber wurde, wie zu hoffen, gestärkt von der Bremer Rose und den Aposteln, als er die schweren Entschlüsse fassen mußte, die ihn zu unsterblichen Kämpfen und Siegen führen sollten.

Als König Georg IV. von England 1821 sein Stammland Hannover besuchte, wurde ihm als dem mächtigen Nachbarn bremisch-republikanischer Rosewein überreicht und so freundlich aufgenommen, daß der Senat sich 1843 bei der Hochzeit des hannöverischen Kronprinzen ebenfalls mit seinen Bacchuskindern unter den Glückwünschenden einstellte. Er übersandte zum allerhöchsten Contentement 30 Flaschen Rüdesheimer Berg von 1653, 30 Flaschen alten Mosel und 40 Flaschen 1783er Johannisberger Kabinett.

1878 feierte der Großherzog von Oldenburg sein fünfundzwanzigjähriges Regierungsjubiläum. Auch da durfte der Bremer Ratskeller unter den Gratulanten nicht fehlen, und in demselben Jahre erfreuten den durch Nobilings schändliches Attentat verwundeten alten Kaiser 25 Flaschen stärkenden Roseweins.

Den Königen, die über Länder und Völker herrschen, darf man gleich einen König im Reiche des Geistes anreihen, Goethe, dem der Senat zu seinem 74. Geburtstage auf Anregung seines Freundes, des Arztes Dr. Nicolaus Meyer in Minden, selbst eines Bremers von Geburt, einige Flaschen aus der Rose übersandte.

Es sind jetzt gerade 300 Jahre her, daß der Rat zum ersten Male, soweit wir wissen, seine Weinschätze benutzte, um mit ihnen auch in der Fremde um Gunst zu werben. Damals, 1628, ließ er dem Domdechanten von Verden, Herrn von Mandelsloh, der bremische Ratssendeboten auf einer Reise mit großer Freundlichkeit bei sich bewirtet hatte, eine Kiste spanischen Wein nebst frischem Lachs überbringen. Der so Beschenkte antwortete sehr freundlich, er habe sich eines so angenehmen Präsents gar nicht versehen, betrachte es auch nicht als einen Recompens für die Erfüllung der so einfachen Pflicht der Gastfreundschaft, wolle es aber annehmen, weil er vermerket, daß solches aus guter Zuneigung geschehen sei.

Kleine Stadtrepubliken haben keine Orden und Ehrenzeichen zu verteilen. Ihnen diente zum Ersatz, wenn sie einen ihrer Bürger oder auswärts einen Mann von Ansehen und Gewicht ehren wollten, ein Geschenk von Landeserzeugnissen oder seltenen Waren. Unsere Seestädte boten anfänglich ihre Fische dar, die den Inländern ein ungewöhnlicher Genuß waren und darum gern angenommen wurden. Als sich aber die städtischen Keller mit trefflichem Wein gefüllt hatten, griff man auch zu diesem begeisternden Zeichen der Anerkennung eines hocheblen, hochweisen Rates. So nehmen diese Weinspenden allmählich zu, und im 18. Jahrhundert sind sie schon nicht mehr ganz selten.

Und nicht nur die Persönlichkeit der damit Beschenkten ist interessant, sondern oft auch ihr Dank. Man erkennt aus ihm wie das Wesen des Briefschreibers, so auch die geistige Beschaffenheit, die Bildungshöhe seines Zeitalters. Da äußerte sich 1785 ein holsteinischer Graf: Dies Geschenk „setzt meinen für das Wohl der Reichsstadt Bremen vormals brennenden Eifer aufs neue in Flammen. So unlöschbar diese sind, so unbegrenzt ist auch die große Hochachtung, mit welcher ich verharre" usw. Ein anderer muß von sich bekennen: „Da ich vielleicht der mäßigste Weintrinker in Europa bin", bitte ich um die Erlaubnis, „successive halb Ankerweis den Göttertrank mir ausbitten zu dürfen; so könnten noch meine Enkel über und bei der hanseatischen Freigebigkeit jauchzen". Dafür spricht er von seiner Neigung, Bremen zu besuchen und seine großmütigen Wohltäter kennenzulernen. „Da ich dann gerne nahe an der angenehmen Weser auf der Schlachte oder auf der Neustadt, wo die meiste Aussicht ist", Wohnung nehmen möchte, „würde Ew. Wohlgeboren Zeigefinger, ob und wo solches wohl geschehen könnte, mir eine neue Güte sein." (1769.)

1786 erfuhr natürlich auch Joh. Casp. Lavater bei seinem Besuch in Bremen diese Gunst. Der Intendant Olbers aber sandte 1803 den empfangenen Weinzettel zurück, weil er als königlich-hannoverscher Beamter keine Geschenke annehmen dürfe.

Seit 1815 nimmt die Zahl der Weinspenden gewaltig zu. Vor allem in Bremen selbst findet der Senat Veranlassung, bei Jubiläen jeder Art, bei verdienstvollen Taten, wie Lebensrettungen mit eigener Gefahr, bei schwerer unverschuldeter Erkrankung etwa infolge eines verbrecherischen Angriffs, auf diese Weise seine Anerkennung und Teilnahme auszusprechen. Das blieb so bis zum Kriege in Übung, und überall wurde dieser Weinsegen nicht anders, als wenn es ein Ordensband gewesen wäre, mit Stolz und Freude entgegengenommen und noch von Kindern und Kindeskindern gerühmt. Gewiß eine freundliche Sitte, die überdies die Möglichkeit gewährte, auch Auswärtigen, denen man sich durch gemeinsame Beziehungen, erwiesene Gefälligkeiten verbunden fühlte, wie jenem Herrn von Mandelsloh einen solennen Dank auszusprechen. Auch dort fanden solche Gaben stets freudige Anerkennung, denn es war eben kein Wein aus einem beliebigen Keller, sondern er entstammte dem Bremer Ratskeller, der, wie wir ganz ruhig aussprechen dürfen, in der Welt nicht seinesgleichen hatte.

Aus der Menge der Vergebungen können nur einige wenige noch hervorgehoben werden. 1823 bat Dr. Albers, Brunnenarzt in Bad Rehburg, um etwas Rosewein für seinen erkrankten

Schwager, den hannoverischen Geheimen Kabinettsrat Hoppenstedt, bei dem Bremen oft ein Entgegenkommen in diplomatischen Verhandlungen gefunden hatte. Der Arzt erwartete viel davon für die Gesundheit seines Patienten, und als man beschloß, ihm 24 halbe Flaschen zu verehren, durfte er bei seiner Danksagung melden, daß „dieser Nektar ein Großes zur Wiederherstellung" beigetragen habe.

1897 konnte man noch den hochverdienten Organisator der deutschen Reichspost, Staatssekretär v. Stephan, kurz vor seinem Tode mit einer Weinspende erfreuen, ebenso wie einige Jahre zuvor den General Constantin von Alvensleben, den Helden von Vionville—Mars-la-Tour. Andere hohe Militärs, wie General v. Manstein und Graf Waldersee, reihten sich an.

Auf die Diplomaten und Offiziere folgen die Gelehrten. Als der große Botaniker Dr. Roth in Vegesack sein goldenes Doktorjubiläum feierte, gedachte seiner der Senat und ebenso bei demselben Feste des schon genannten Mindener Medizinalrates Dr. Nicolaus Meyer. 1868 wiederholte sich das bei dem verdienstvollen Apotheker und Chemiker Kindt von der Sonnenapotheke, dem 50 Flaschen Rheinwein, darunter 12 Flaschen Rosewein, 1624er Rüdesheimer Berg, zeigen sollten, welche Wertschätzung er genieße. In seinem Dankschreiben gab er voller Bescheidenheit der Überzeugung Ausdruck, „daß es ja Gott ist, der die Herzen der Menschen lenkt wie Wasserbäche, er sie mithin ja auch einem Verdienstlosen zuwenden kann."

1841 überreicht der Nestor der hansischen Geschichtsforschung, der hamburgische Archivar Dr. Lappenberg, sein für die bremische Geschichte grundlegendes Werk, „Die Geschichtsquellen des Erzstifts und der Stadt Bremen." Er hatte es dem Senate gewidmet, der es ihm in Wein verdankte. Gleiche Ehre wurde 1845 dem Pastor Duntze in Rablinghausen zu teil, der den ersten Band seiner „Geschichte der freien Stadt Bremen" dem Senate darbrachte.

Viele andere seien hier übergangen, um nur drei berühmte Nichtbremer noch zu erwähnen, die sämtlich unter besonderen Umständen bedacht wurden. 1886 übersandte der Senat auf eine Anregung aus dem preußischen Kultusministerium je 5 Flaschen Rosewein — „eine ehrwürdige Säure", nannte ihn etwas respektlos Otto Gildemeister — den beiden auf den Tod erkrankten großen Historikern Leopold von Ranke und Georg Waitz; doch starben beide, bevor sie sich der Gabe erfreuen konnten.

1893 erfuhr der Senat, daß der berühmte Physiker Hermann Helmholtz in Hillmanns Hotel darniederliege, nachdem er von der Weltausstellung in Chicago zurückkehrend, sich auf dem Lloydbampfer „Saale" durch einen Sturz verletzt hatte. Es war eben zu der Zeit, wo auch der Kaiser in Bremen weilte. Eine Weingabe zeigte ihm Bremens Hochschätzung. Das Jahr darauf beging Wilhelm Benque, der geniale Schöpfer des Bürgerparks, seinen 80. Geburtstag, nicht ohne daß der Senat und sein Keller den gebührenden Anteil daran genommen hätten, und wieder zwei Jahre später vollendete Kapitän Willigerob vom Norddeutschen Lloyd seine zweihundertste Reise von Bremen nach New York und zurück, was ihm in ähnlichen Formen die verdiente Anerkennung eintrug.

Auch eines Hundertjährigen konnte man mehrfach in dieser Weise gedenken, so schon 1860 des Matrosen Stricker in Vegesack, der ein Alter von 102 Jahren erreichte, während ein anderer die frohe Erregung nur um 12 Tage überlebte.

1864 labte der Senat mit seinem Wein die Verwundeten der alliierten Armee in Schleswig-Holstein und 1866 gleichermaßen die preußischen Krieger, die ihr Blut im Kampfe gegen Österreich vergossen hatten. Damals dankte der Verein zur Pflege verwundeter Krieger in einem herzlichen Antwortschreiben für die „wahrhaft rührende Aufopferung, welche Bremens Bürgerschaft für die Verwundeten unserer Armee an den Tag legt und die sich in edelster Weise in den zahlreichen Liebesgaben abspiegelt, die uns von dort aus Tag für Tag zugehen".

1869 wurde auch den beiden hier abgehenden, für die Nordpolarexpedition bestimmten Schiffen eine Labung von je 25 Flaschen 1794er Rüdesheimer auf ihrer Fahrt in die Region des ewigen Eises mit auf den Weg gegeben.

„Wer vieles bringt, wird manchem etwas bringen." Das Wort gilt auch von unserm alten Ratskeller. Er ist immerdar ein großer Spender gewesen. Und nicht nur im gewöhnlichen Sinne des Wortes. Das edle Naß seiner Fässer hat nicht nur die Freunde des Weines erheitert, die sich in einer Stunde des Genusses hinwegführen lassen wollten über Arbeit und Sorgen des Tages. Bacchus' Gabe hat die Gedanken beschwingt und die Tüchtigen geehrt, die Kranken gelabt.

Darüber hinaus aber kann dem Freunde der Geschichte diese Entwicklung eines uralten Kulturinstituts reichen Stoff zum Nachdenken geben, denn in ihr, so eng bezirkt wie sie ist, spiegelt sich doch das kleine und selbst das große Geschehen der Welt da draußen unablässig wieder. Unter den vielen ruhmvollen Blättern unserer vaterstädtischen Geschichte ist dasjenige, auf dem die Annalen des Ratskellers verzeichnet stehen, nicht das letzte. Auch an ihm haben die Jahrhunderte gebaut, geschmückt, manchen Wechsel hat er durchgemacht, aber er hat immer standgehalten, so vieles Alte stürzte und Neues Raum erheischte. Und wenn wir, aus der Sphäre des Vereinzelten und Zufälligen hinausstrebend, seine historische Erscheinung einordnen wollen in die Welt einer höheren allgemeineren Betrachtung, so gehört er zu den merkwürdigsten und interessantesten Lebensäußerungen des deutschen Bürgertums und seiner eigenartigen, jeder anderen gleichwertigen Kultur.

Möchten viele Generationen noch auf lange Zeiten sich seiner erfreuen! Wir halten es mit dem Spruche eines kernigen niederdeutschen Mannes, Hermann Allmers:

> Jahrhunderte hat hier gezecht
> In deutschem Weine Geschlecht auf Geschlecht.
> Drum ehr' auch du den geweihten Ort
> Und wie die Väter zeche fort.

Weinkarte von 1820.

Preise von Rheinwein, in Louisd'or à 5 Rthlr.
Bey ganzen und halben Bouteillen und Mengeln.

			Rth.	Grote
1807r.	Laubenheimer	pr. Bout.	—	36
1804r.	Rüdesheimer	" "	—	48
1794r.	Rüdesheimer	" "	1	—

Bey ganzen und halben Bouteillen.

1806r.	Niersteiner	pr. Bout.	—	48
1804r.	Markebrunner	" "	1	36
1811r.	Hattenheimer	" "	1	—
1811r.	Hochheimer	" "	1	—
1811r.	Rüdesheimer	" "	1	—
1811r.	Rüdesheimer	" "	1	36
1783r.	Hochheimer	" "	1	36
1760r.	Rüdesheimer	" "	2	—
1748r.	Rüdesheimer	" "	2	36
1726r.	Hochheimer	" "	3	—
1706r.	Hochheimer	" "	4	—
1783r.	Johannisberger	" "	4	—
1811r.	Mosel Wein	" "	—	48
Alter	Mosel Wein	" "	4	—

Weinkarte 1891.

Rhein- und Pfalzweine.

Jahr-gang		pr. Fl. Mark
1884	Alsheimer pr. Glas ⅕ Liter 25 Pf.	
1884	Bodenheimer	1.10
1884	Laubenheimer	1.40
1884	Niersteiner	1.80
1884	Oppenheimer	2.—
1887	Ober-Ingelheimer (roth)	2.40
1884	Nackenheimer Rotheberg	2.50
1883	Kiedricher	2.50
1884	Rauenthaler	3.—
1884	Hochheimer	3.—

Jahr-gang		pr. Fl. Mark
1886	Aßmannshäuser (roth)	3.50
1884	Oppenheimer Goldberg Auslese	3.50
1881	Eltviller Sonnenberg	3.50
1883	Binger Schloßberg	3.50
1884	Oppenheimer Herrenberg Auslese	4.—
1886	Rüdesheimer Bischofsberg	4.—
1884	Gräfenberger	4.—
1884	Hochheimer Hölle	4.—
1884	Hochheimer Stein Auslese	4.50
1883	Rüdesheimer Berg	4.50
1881	Marcobrunner	4.50
1883	Scharlachberger Riesling Auslese	5.—
1883	Niersteiner Pettenthal Auslese	5.50
1884	Forster Langenmorgen	5.50
1884	Geisenheimer Rotheberg	5.50
1884	Forster Mühlberg Auslese	6.—
1884	Nackenheimer Fenchelberg Auslese	6.—
1881	Marcobrunner Auslese	6.50
1880	Rüdesheimer Rottland Auslese	7.—
1884	Ruppertsberger Gewürztraminer Auslese	7.—
1884	Niersteiner Glöck Auslese	7.—
1883	Niersteiner Rehbach Riesling Auslese	7.—
1846	Oestricher	7.—
1886	Aßmannshäuser Cabinet-Wein (roth)	7.—
1883	Hattenheimer Nußbrunnen	7.—
1884	Schloß Johannisberger	7.50
1865	Oestricher	7.50
1876	Schloß Vollradser	8.—
1861	Oestricher	8.—
1880	Steinberger Cabinet-Wein	9.—
1886	Deidesheimer Kieselberg, feinste Auslese	9.—
1865	Rauenthaler Berg, Auslese	10.—
1865	Oestricher Auslese	10.—
1883	Rüdesheimer Burgweg, feinste Auslese	12.—
1876	Rüdesheimer Burgweg, feinste Auslese	12.—
1883	Rüdesheimer Berg, Brunnen, Auslese	15.—
1876	Rüdesheimer Hinterhaus, feinste Auslese	15.—
1876	Rüdesheimer Berg, feinste Auslese	15.—
1868	Marcobrunner Cabinet-Wein	15.—
1868	Hattenheimer Mannberg	20.—

Rose- und Apostelweine.

Jahrgang		pr. Fl. Mark
1798	Rüdesheimer Apostel-Wein (pr. Glas, ¹/₁₀ Lt., 80 Pf.)	6.—
1653	Rüdesheimer Rose-Wein	10.—
1726	Hochheimer Apostel-Wein	12.—
1748	Rüdesheimer Rose-Wein	18.—

Mosel- und Saarweine.

Moselwein pr. Glas (¹/₅ Liter) 25 Pf.

1886	Kinheimer	1.10
1886	Cueser	1.40
1886	Enkircher	1.80
1886	Trarbacher	2.—
1886	Uerziger Gewürzley	2.50
1884	Dhroner	3.—
1886	Bocksteiner	3.—
1884	Geisberger Auslese	5.—
1876	Scharzhofberger Auslese	7.—

Deutsche Schaumweine.

Chr. Adt. Kupferberg & Co. Silber	4.50
Chr. Adt. Kupferberg & Co. Gold	5.—
Hochheimer A.-G. vorm. Burgeff & Co.	6.—
Hochheimer A.-G. vorm. Burgeff & Co. per ½ Fl.	3.50
Söhnlein & Co. (trocken) Rheingold	6.—
Matheus Müller, Cabinet	7.—

Weinkarte 1929.

Rheingauer, Rheinhessische, Pfalz- und Naheweine

(G = Rheingau, H = Rheinhessen, P = Pfalz, N = Nahe)

Nr.	Jahrgang			¹/₁ Fl. RM	¹/₂ Fl. RM
	1924	Rheinwein per Glas ¹/₅ Liter RM. 0.40			
1	1924	Ellerstadter Feuerberg	P	1.65	—.90
2	1923	Bechtheimer	H	1.80	1.—
3	1924	Dienheimer Paterhof	H	2.—	1.10
4	1924	Oestricher Deez	G	2.—	1.10
5	1924	Nackenheimer Breite Irr	H	2.—	1.10
6	1924	Nackenheimer Spitzenberg	H	2.20	1.20
7	1926	Zeller Schwarzer Herrgott	P	2.40	1.30

Nr.	Jahrgang			1/1 Fl. RM	1/2 Fl. RM
8	1924	Ebernburger Berg Riesling	N	2.50	1.35
9	1924	Wachenheimer Odinsthal	P	2.50	1.35
10	1924	Kreuznacher Krötenpful Riesling	N	2.50	1.35
11	1926	Niersteiner Oelberg Riesling	H	2.75	1.50
12	1925	Kiedricher Wasserrose Riesling	G	2.75	1.50
13	1925	Kiedricher Klosterberg	G	3.—	1.60
14	1925	Erbacher Honigberg	G	3.—	1.60
15	1925	Forster Süßkopf	P	3.25	1.75
16	1925	Niersteiner Orbel Riesling. Schafferwein	H	3.25	1.75
17	1926	Kreuznacher Brückes	N	3.50	—
		Orig.-Abf. August Anheuser			
18	1926	Niersteiner Rehbach Riesling	H	3.50	1.85
19	1925	Oppenheimer Goldberg	H	3.75	1.95
20	1925	Ruppertsberger Goldschmitt	P	3.75	1.95
		Wachstum Bürklin-Wolf			
21	1921	Niersteiner Domthal	H	4.—	2.10
22	1925	Wachenheimer Höhe	P	4.—	2.10
		Wachstum Bürklin-Wolf			
23	1921	Niederhäus. Hermannshöhle Beeren-Ausl.	N	4.—	—
		Orig.-Abf. Traurich-Delius			
24	1926	Liebfraumilch Auslese	H	4.50	2.35
25	1924	Niersteiner Rehbach	H	4.50	—
		Orig.-Abf. Hessische Weinbaudomäne			
26	1925	Schloß Böckelheimer Mühlberg Riesling Auslese	N	4.50	—
		Orig.-Abf. August Anheuser			
27	1921	Niersteiner Kranzberg Riesling	N	4.50	2.35
28	1921	Oestricher Deez	G	4.50	2.35
29	1921	Dienheimer Falkenberg Traminer	H	4.50	2.35
		Wachstum Georg Schmitt			
30	1921	Niersteiner Roßberg Spätlese	H	4.50	2.35
		Wachstum Georg Schmitt			
31	1921	Hattenheimer Kilb	G	5.—	2.60
		Wachstum Albert			
32	1920	Eltviller Taubenberg	G	5.—	—
		Orig.-Abf. Preuß. Weinbaudomäne			
33	1926	Wachenheimer Goldbächel Auslese	P	5.—	2.60
		Wachstum Fritz Kuhn			
34	1925	Rüdesheimer Rottland	G	5.—	2.60
		Wachstum Graf von Franken-Sierstorpff			

Nr.	Jahrgang			¹/₁ Fl. RM	¹/₂ Fl. RM
35	1921	Kiedricher Sandgrub Riesling	G	5.50	2.85
		Wachstum Anton Buschmann			
36	1921	Geisenheimer Hohenrech Auslese . . .	G	5.50	—
		Orig.-Abf. Geschw. Jobus			
39	1925	Niersteiner Rote Schmitt Auslese . . .	H	6.—	3.10
41	1920	Rauenthaler Pfaffenberg	G	6.—	—
		Orig.-Abf. Kimmelsches Weingut			
42	1920	Büdesheimer Rosengarten Tokayer . .	H	6.—	—
		Orig.-Abf. Julius Espenschied			
43	1920	Johannisberger Kerzenstück	G	6.—	—
		Orig.-Abf. Hermann von Mumm			
44	1921	Rüdesheimer Berg Riesling Auslese . .	G	6.—	3.10
45	1921	Dienheimer Gumben Spätlese	H	6.—	—
		Orig.-Abf. R. Senfter			
46	1921	Oestricher Doosberg	G	6.—	3.10
		Wachstum Casp. Jos. Wagner			
47	1925	Liebfraumilch Auslese	H	6.—	3.10
50	1920	Rüdesheimer Bischofsberg	G	6.—	—
		Orig.-Abf. Jos. Heß Erben			
51	1921	Münsterer Kapellenberg Riesling feine Spätlese	N	6.50	—
		Orig.-Abf. Julius Espenschied			
52	1921	Ruppertsberger Hofstück Auslese . . .	P	6.50	3.35
		Wachstum Winzerverein			
53	1920	Erbacher Honigberg Auslese	G	7.—	—
		Orig.-Abf. Weingut J. Kögler			
54	1921	Kiedricher Brück Spätlese	G	7.—	3.60
		Wachstum Anton Buschmann			
56	1920	Schloß Vollrads Kabinett	G	7.—	—
		Orig.-Abf. Graf Maruschka-Greifenklau			
57	1921	Oestricher Landpflecht Riesling . . .	G	7.50	3.85
		Wachstum Casp. Jos. Wagner			
58	1921	Binger Schloßberg Schwätzerchen . . .	H	7.50	—
		Orig.-Abf. Julius Espenschied			
59	1921	Wachenheimer Großer Letten Spätlese .	P	7.50	3.85
		Wachstum Winzerverein			
60	1920	Rüdesheimer Berg Kripp feine Beeren-Auslese	G	8.—	—
		Orig.-Abf. Josef Heß Erben			
61	1921	Erbacher Bachhöhle Auslese bestes Faß .	G	8.—	—
		Orig.-Abf. C. A. & H. Kohlhaas			

Nr.	Jahrgang		1/1 Fl. RM	1/2 Fl. RM
64	1921	Schloß Vollrads Kabinett	G 8.—	—
		Orig.-Abf. Graf. Matuschka—Greiffenklau		
65	1921	Liebfraumilch Auslese	H 9.—	4.60
66	1921	Hallgartener Mehrhölzchen	G 9.—	—
		Orig.-Abf. Vereinigte Weingutsbesitzer		
67	1921	Niedricher Oberberg Auslese	G —	4.60
		Wachstum Anton Buschmann		
68	1920	Rüdesheimer Wilgert Kabinett Wein	G 10.—	—
		Orig.-Abf. Preuß. Weinbaudomäne		
69	1921	Oestricher Doosberg Beeren Auslese	G 10.—	—
		Wachstum Bibo		
70	1921	Rauenthaler Baiken Riesling Auslese	G 10.—	—
		Orig.-Abf. P. J. Sturm		
71	1921	Wachenheimer Böhlig Riesling Trockenbeeren Auslese	P 10.—	5.10
		Orig.-Abf. Weingut Kuhn		
72	1920	Geisenheimer Kosakenberg Riesling	G 10.—	—
		Orig.-Abf. Gräfl. zu Ingelheim Echtersche Kellerei		
74	1921	Geisenheimer Rothenberg Pfad Riesling Auslese	G 10.—	—
		Orig.-Abf. Gräfl. zu Ingelheim-Echtersche Kellerei		
75	1921	Binger Rochusweg St. Josef Beeren Ausl.	H 10.—	—
		Orig.-Abf. Julius Espenschied		
76	1921	Deidesheimer Geheu Riesling	P 10.—	—
		Orig.-Abf. Dr. von Bassermann-Jordan		
77	1921	Niersteiner Hipping hochf. Spätlese	H 10.—	—
		Orig.-Abf. Gustav Bömper		
78	1921	Oppenheimer Sackträger Auslese	H 10.—	—
		Wachstum Muffey Erben		
79	1917	Niersteiner Fläschenhahl Auslese	H 12.—	—
		Orig.-Abf. Franz Karl Schmittsche Kellerei		
83	1921	Deidesheimer Kränzler Riesling	P 12.—	—
		Orig.-Abf. von Buhlsches Weingut		
84	1921	Geisenheimer Backenader Auslese	G 12.—	—
		Orig.-Abf. Gräfl. zu Ingelheim Echtersche Kellerei		
85	1921	Rauenthaler Hühnerberg feine Auslese	G 12.—	—
		Orig.-Abf. Preuß. Weinbaudomäne		

Nr.	Jahrgang		1/1 Fl. RM	1/2 Fl. RM
86	1920	Winkeler Dachsberg Beeren Auslese Orig.-Abf. Kommerzienrat Krayer Erben	G 12.—	—
87	1904	Erbacher Siegelsberg Orig.-Abf. Schloß Reinhartshausen	G 15.—	—
88	1911	Eltviller Langenstück Auslese Kabinett Orig.-Abf. Gräfl. zu Eltzsche Kellerei	G 15.—	—
89	1921	Rauenthal. Wagenkehr Spätlese Kabinettwein Orig.-Abf. Preußische Weindomäne	G 15.—	—
90	1921	Schloß Böckelheimer A. d. Felsenberg Riesling Orig.-Abf. Staatl. Domänenweinbauverw. Niederhausen	N 15.—	—
91	1911	Schloß Vollrads Orig.-Abf. Graf Matuschka-Greiffenklau	G 16.—	—
92	1920	Hallgartener Hendelberg Beeren-Auslese Orig.-Abt. Fürstl. Löwenstein-Wertheim-Rosenbergsches Weingut	G 16.—	—
93	1920	Nackenheimer Fenchelberg Beeren-Auslese Orig.-Abf. Carl Gunderloch	H 16.—	—
94	1920	Wachenheimer Wolfsdarm Orig.-Abf. Bürklin-Wolf	P 16.—	—
95	1921	Niederhäuser Steinberg Riesl. Kabinettwein Orig.-Abf. Staatl. Domänenweinbauverw. Niederhausen	N 18.—	—
96	1920	Büdesheimer Scharlachberger Riesling Edelgew. Orig.-Abf. Hessische Weinbaudomäne	H 18.—	—
97	1920	Schloß Kauzenberg Mittl. Mauer Riesl. feinste Spätlese Orig.-Abf. Herm. Stöck	N 18.—	—
98	1920	Nackenheimer Rothenberg Auslese Orig.-Abf. Carl Gunderloch	H 18.—	—
99	1921	Steinberger Kabinettwein Orig.-Abf. Preuß. Weinbaudomäne	G 20.—	—
101	1920	Wachenheimer Goldbächel Auslese Orig.-Abf. Bürklin-Wolf	P 20.—	—
102	1920	Niersteiner Kehr Beeren-Auslese Orig.-Abf. Franz Karl Schmittsches Weingut	H 20.—	—

Nr.	Jahrgang		1/1 Fl. RM	1/2 Fl. RM
103	1920	Forster Bergelsweg Riesling Auslese Orig.-Abf. Bürklin-Wolf	P 20.—	—
104	1921	Nierfteiner Rehbach Beeren-Auslese Orig.-Abf. Joh. Strub 3	H 20.—	—
105	1920	Erbacher Marcobrunn hochfeine Auslese Orig.-Abf. Schloß Reinhartshausen	G 20.—	—
106	1920	Rauenthaler Wieshell Edelbeeren-Auslese Orig.-Abf. Kimmelsches Weingut	G 20.—	—
107	1920	Forster Langenacker Riesling Orig.-Abf. von Buhlsches Weingut	P 22.—	—
108	1904	Hattenheimer Nußbrunn Beeren-Auslese Wachstum Freiherr Langwerth v. Simmern	G 22.—	—
109	1904	Rüdesheimer Schloßberg Wachstum Julius Espenschied	G 22.—	—
110	1921	Niederhäuser Hermannsberg Riesling Beeren-Auslese Orig.-Abf. Staatl. Domänenweinbauverw. Niederhausen	N 24.—	—
112	1920	Nierfteiner Rehbach Riesling Trockenb.-Auslese Orig.-Abf. Franz Karl Schmittsches Weingut	H 24.—	—
113	1921	Erbacher Marcobrunner Kabinettwein Orig.-Abf. Preuß. Weinbaudomäne	G 24.—	—
114	1911	Hochheimer Hölle Trockenbeeren-Auslese Orig.-Abf. Aschrottsche Gutsverwaltung	G 30.—	—
115	1920	Rüdesheimer Berg Riesling Mühlstein hochfeinste Trockenbeeren-Auslese Orig.-Abf. Reichsfreiherr von Ritter zu Groenesteyn	G 35.—	—
116	1920	Nackenheimer Rothenberg Riesling feinste Trockenbeeren-Auslese Orig.-Abf. Carl Gunderloch	H 40.—	—
117	1904	Schloß Vollrads Auslese bestes Faß Wachstum Graf Matuschka-Greiffenklau	G 50.—	—
118	1920	Deidesheimer Kieselberg Riesling Beeren-Auslese Orig.-Abf. Bürklin-Wolf	P 50.—	—
119	1920	Forster Kirchenstück Riesling Edellese Orig.-Abf. Bürklin-Wolf	P 60.—	—
120	1920	Wachenheimer Grümbl Beeren-Auslese Orig.-Abf. Bürklin-Wolf	P 70.—	—

Nr.	Jahrgang		1/1 Fl. RM	1/2 Fl. RM
121	1911	Niersteiner Fläschenhahl Riesl. Auslese bestes Faß . . . . Wachstum Franz Karl Schmittsches Weingut	H 80.—	—
122	1920	Deidesheimer Hohenmorgen-Riesling Beeren-Auslese . . . . Orig.-Abf. Bürklin-Wolf	P 80.—	—
123	1911	Schloß Johannisberger Kabinett, Edelbeeren-Auslese bestes Faß . . . . . . Orig.-Abf. Fürstl. v. Metternichsche Domäne	G 90.—	—
124	1893	Winkeler Dachsberg feinste Auslese . . Wachstum Kommerzienrat Josef Krayer	G 90.—	—
125	1904	Forster Freundstück Riesling Auslese . Wachstum W. Schellhorn-Wallbillich	P 100.—	—
126	1893	Hattenheimer Nußbrunnen Goldbeeren-Auslese . . . . Wachstum Schloß Reinhartshausen	G 100.—	—

Rose- und Apostelweine

| 1726 | Hochheimer Apostelwein per Glas 1/10 Lit. RM 3.— |
| 1748 | Rüdesheimer Rosewein per Glas 1/10 Lit. RM 3.— |

Frankenweine in Boxbeutel

Nr.	Jahrgang		1/1 Fl. RM	1/2 Fl. RM
201	1923	Sommeracher Berg	1.75	—
202	1923	Escherndorfer Berg	2.—	—
203	1923	Rödelseer Weg	2.25	—
204	1921	Escherndorfer Fürstenberg, Spätlese	4.—	—
208	1921	Escherndorfer Hengstberg Auslese	5.50	—
209	1921	Escherndorfer Lump Auslese	6.—	—
210	1921	Iphöfer Kronsberg Spätlese	7.—	—
211	1920	Randersackerer Pfülben . . . . Orig.-Abf. Boxbeutel Weinvertrieb Fränk. Weingutsbes.	7.50	—
214	1921	Hörsteiner Abtsberg Riesling Auslese . . . Orig.-Abf. Bayrische Hofkellerei	12.—	—
215	1921	Randersackerer Lämmerberg Riesling Auslese Orig.-Abf. Bayrische Hofkellerei	12.—	—
217	1921	Escherndorfer Hengstberg Edel-Auslese . . . Orig.Abf. Winzerverein	14.—	—

Nr.	Jahrgang		1/1 Fl. RM	1/2 Fl. RM
219	1921	Würzburger Innere Leiste Riesling Auslese Orig.-Abf. Bayrische Hofkellerei	15.—	—
220	1915	Würzburger Innere Leiste Riesling Auslese Orig.-Abf. Bayrische Hofkellerei	15.—	—
221	1917	Hörsteiner Riesling Orig.-Abf. Bayrische Hofkellerei	15.—	—
222	1917	Stein Riesling Orig.-Abf. Bayrische Hofkellerei	15.—	—
223	1920	Stein Schalksberg Auslese Orig.-Abf. Bayrische Hofkellerei	18.—	—
224	1920	Eschendorfer Lump Trockenbeeren-Spätlese Orig.-Abf. Juliusspital	20.—	—
225	1920	Stein Riesling Auslese Orig.-Abf. Bayrische Hofkellerei	20.—	—
226	1915	Stein Riesling Auslese Orig.-Abf. Bayrische Hofkellerei	20.—	—
227	1920	Stein Riesling Beeren-Auslese Orig.-Abf. Bayrische Hofkellerei	25.—	—
228	1920	Innere Leiste Riesling Beeren-Auslese Orig.-Abf. Bayrische Hofkellerei	30.—	—
229	1920	Würzburger Stein ff. Trockenbeeren-Auslese Orig.-Abf. Juliusspital	45.—	—

Mosel-, Saar- und Ruwerweine
(M = Mosel, S = Saar, R = Ruwer)

Nr.	Jahrgang			1/1 Fl. RM	1/2 Fl. RM
301	1926	Saarburger	S	1.80	1.—
302	1921	Wiltinger	S	2.—	—
303	1921	Canzemer Sonnenberg	S	2.—	1.10
304	1926	Wiltinger	S	2.—	1.10
305	1927	Zeller Schwarze Katz	M	2.25	1.20
306	1921	Zeltinger Steinmauer	M	2.25	1.20
307	1924	Berncasteler Badstube	M	2.50	1.35
308	1921	Wehlener Langenberg	M	2.50	—
309	1926	Zeltinger Schloßberg	M	2.75	1.50
310	1924	Berncasteler Lay	M	2.75	—
311	1926	Serriger Vogelsang	S	2.75	1.50
312	1925	Caseler Herrenberg	R	2.75	1.50
313	1926	Graacher Goldwingert	M	3.—	1.60
314	1925	Brauneberger Juffer	M	3.—	1.60

Nr.	Jahrgang			1/1 Fl. RM	1/2 Fl. RM
315	1921	Zeltinger Rotlay	M	3.—	—
316	1921	Wehlener Nonnenberg Auslese	M	3.—	1.60
317	1927	Clüfferather Königsberg	M	3.—	1.60
318	1925	Graacher Stablay	M	3.—	1.60
319	1925	Trittenheimer Olk	M	3.25	1.75
320	1925	Brauneberger Hasenläufer	M	3.50	1.85
321	1925	Wiltinger Braunfels	S	3.50	1.85
		Wachstum Graf von Kesselstatt			
322	1925	Eitelsbacher	R	3.50	1.85
323	1921	Graacher Tirlay	M	3.50	—
324	1925	Zeltinger Himmelreich	S	3.50	1.85
325	1925	Ockfener Herrenberger	S	3.75	2.—
326	1925	Zeltinger Rotlay	M	3.75	2.—
327	1925	Berncasteler Schwanen	M	3.75	2.—
328	1921	Zeltinger Himmelreich Auslese	M	4.—	—
329	1925	Piesporter Falkenberg	M	4.—	2.10
330	1925	Uerziger Würzgarten	M	4.—	2.10
331	1923	Neumagener Rosengärtchen	M	4.—	—
		Orig.-Abf. Sanitätsrat Dr. Ronbé			
332	1925	Wehlener Nonnenberg	M	4.—	2.10
333	1925	Wehlener Hammerstein	M	4.—	—
		Orig.-Abf. S. A. Prüm Erben			
334	1925	Oberemmeler Rosenberg	S	4.—	—
		Orig.-Abf. Reichsgraf von Kesselstatt			
335	1925	Wehlener Feinter	M	4.50	2.35
336	1923	Zeltinger Rotlay	M	4.50	—
		Orig.-Abf. Ehses-Berres			
337	1925	Eitelsbacher Karthäuser Hofberger	R	4.50	—
		Orig.-Abf. Hans Wilh. Rautenstrauch			
338	1925	Caseler Hoechst	R	4.50	2.35
		Wachstum Reichsgraf von Kesselstatt			
339	1925	Berncasteler Schloßberg	M	5.—	2.60
340	1920	Thiergärtner	M	5.—	—
		Orig.-Abf. Landrat von Nell			
341	1921	Caseler Kehrnagel	R	5.—	—
		Orig.-Abf. Erben von Beulwitz			
342	1920	Josephshöfer	M	5.—	—
		Orig.-Abf. Reichsgraf von Kesselstatt			
343	1921	Neumagener Layenberg	M	5.—	—
		Orig.-Abf. Jos. Milz			

Nr.	Jahrgang		1/1 Fl. RM	1/2 Fl. RM
344	1921	Oberemmeler Agritiusberg . . . . . . S Orig.-Abf. Weingut Grach	6.—	—
345	1921	Oberemmeler Langenberg . . . . . . S Orig.-Abf. von Kesselstatt	6.—	—
346	1926	Wehlener Sonnenuhr Auslese . . . M Orig.-Abf. S. A. Prüm Erben	6.—	—
347	1925	Erdener Herrenberg . . . . M Orig.-Abf. Geschw. Berres	6.—	—
348	1920	Serriger Vogelsang Fuder 116 . . . . S Orig.-Abf. Schloß Saarfels	6.—	—
349	1920	Piesporter Goldtröpfchen . . . . . . M Orig.-Abf. Weingut Felzen	7.—	—
350	1921	Wiltinger Klosterberg . . . . S Orig.-Abf. Apollinar Jos. Koch	7.—	—
351	1925	Josephshöfer . . . . M Orig.-Abf. Reichsgraf von Kesselstatt	7.—	—
352	1920	Piesporter Laychen . . . . M Orig.-Abf. Reichsgraf von Kesselstatt	7.—	—
353	1920	Piesporter Schubertslay . . . . . M Orig.-Abf. Weingut Felzen	7.—	—
354	1925	Piesporter Goldtröpfchen . . . . . . M Orig.-Abf. Reichsgraf von Kesselstatt	7.50	—
355	1920	Ockfener Herrenberger . . . . S Orig.-Abf. Adolf Rheinart Erben	7.50	—
356	1921	Graacher Homberg Auslese . . . . . M Orig.-Abf. Ww. Dr. H. Thanisch	7.50	—
357	1921	Serriger Hoeppslay . . . . S Orig.-Abf. Preuß. Weinbaudomäne	8.—	—
358	1920	Ockfener Geisberger . . . . S Orig.-Abf. Weingut C. Gebert	8.—	—
359	1920	Wiltinger Gottesfuß . . . . S Orig.-Abf. Apollinar Jos. Koch	8.—	—
360	1920	Eitelsbacher Karthäuser Hofberger . . . R Orig.-Abf. Hans Wilh. Rautenstrauch	8.—	—
361	1920	Serriger Vogelsang Fuder No. 145 . . S Orig.-Abf. Schloß Saarfels	8.—	—
362	1920	Canzemer Hörecker . . . . S Orig.-Abf. Fritz Rautenstrauch	8.—	—
363	1920	Ockfener Herrenberg . . . . S Orig.-Abf. Weingut C. Gebert	8.—	—

Nr.	Jahrgang		1/1 Fl. RM	1/2 Fl. RM
364	1920	Graacher Lay .... M	8.—	—
		Orig.-Abf. Freiherr von Schorlemer		
365	1920	Canzemer Wolfsberg .... S	9.—	—
		Orig.-Abf. Bischöfl. Priesterseminar		
366	1920	Graacher Himmelreich .... M	9.—	—
		Orig.-Abf. Freiherr von Schorlemer		
367	1920	Wiltinger Rosenberg .... S	9.—	—
		Orig.-Abf. Egon Müller		
368	1920	Maximiner Grünhäuser Herrenberger .. R	9.—	—
		Orig.-Abf. Freiherr von Schubert		
369	1920	Wehlener Sonnenuhr .... M	10.—	—
		Orig.-Abf. Prüm Erben		
370	1921	Scharzhofberger Auslese .... S	10.—	—
		Orig.-Abf. Apollinar Jos. Koch		
371	1921	Piesporter Grafenberg .... M	10.—	—
		Orig.-Abf. Reichsgraf von Kesselstatt		
372	1921	Eitelsbacher Karth. Hofberger Burgberg	R 12.—	—
		Orig.-Abf. Hans Wilhelm Rautenstrauch		
373	1920	Uerziger Würzgarten Auslese ..... M	12.—	—
		Orig.-Abf. Rich. Jos. Berres		
374	1917	Canzemer Wolfsberg .... S	16.—	—
		Orig.-Abf. Vereinigte Hospitien		
375	1920	Zeltinger Schloßberg .... M	16.—	—
		Orig.-Abf. Freiherr von Schorlemer		
376	1921	Josephshöfer feine Auslese ...... M	25.—	—
		Orig.-Abf. Reichsgraf von Kesselstatt		

Deutsche Rotweine

Nr.	Jahrgang		1/1 Fl. RM	1/2 Fl. RM
	1922	Ober-Ingelheimer Frühburgunder p. Glas 8/20 RM.	—.50	
401	1921	Königsbacher	1.80	1.—
402	1921	Forster Myrrhe	2.—	1.10
403	1921	Gundersheimer	2.50	1.35
404	1921	Bodenheimer Frühburgunder	3.—	1.60
405	1926	Neukasteler Kirchholz Auslese	3.—	
		Wachstum Professor Max Slevogt		
406	1921	Ingelheimer Frühburgunder	3.50	1.85
407	1921	Dernauer Hardtberg	3.50	—
		Wachstum Winzerverein	3.50	—
408	1921	Bübesheimer Spätburgunder	4.—	2.10

Nr.	Jahrgang		1/1 Fl. RM	1/2 Fl. RM
409	1922	Aßmannshäuser Höllenberg	5.—	—
		Orig.-Abf. Preußische Domäne		
410	1921	Walporzheimer Pfaffenberg Spätburgunder	5.—	2.60
		Orig.-Abf. Winzerverein		
412	1921	Ahrweiler Rosenthaler Spätburgunder	5.50	—
		Orig.-Abf. Winzerverein		
413	1921	Aßmannshäuser Frankenthal	6.—	3.10
		Wachstum Fritz Wittmann		

Deutsche Schaumweine

Nr.		1/1 Fl. RM	1/2 Fl. RM
501	Feist Brut	11.—	—
502	Matheus Müller extra Auslese	11.—	—
503	Schultz Grünlack	11.—	—
504	Deinhard Kabinett	11.—	—
505	Alter Eickemeyer	11.—	—
506	Burgeff Grün	11.50	6.50
507	Henkell Trocken	11.50	—
508	Wagners-Schloß-Saarfels, Edelmarke	11.50	—
509	Kupferberg Gold 1921	12.50	—
510	Söhnlein & Co. 1921	12.50	7.—
511	Mumm & Co. „Dry"	12.50	—
512	Söhnlein & Co., 1917	14.—	—
513	Wagners-Schloß-Saarfels, Sonderfüllung aus dem Felsverlies	14.—	—
514	Henkell & Co. Privat	14.—	—
	Pedro Ximenes	3.50	—
	per Glas 3/20 Liter	—.80	

Mineralwasser

Rhenser		—	—.70
Fachinger		—	—.80